W0335694

Fraternité
j'écris ton nom !

PATRICK VIVERET

Fraternité j'écris ton nom !

ÉDITIONS LES LIENS QUI LIBÈRENT

ISBN : 979-10-209-0271-9

« Liberté, j'écris ton nom » écrit magnifiquement Éluard.
Quel poète nous donnera un texte aussi beau pour chanter la Fraternité ?

À Bernard Maris

Bernard, tu étais l'ami de plusieurs d'entre nous. Toi qui étais la chaleur amicale personnifiée tu es tombé sous les balles fanatiques aux côtés de tes amis de Charlie *dont tu tenais la rubrique économique sous le pseudonyme humoristique d'oncle Bernard. Je t'avais rencontré longuement lors du Ier forum social mondial de Porto Alegre où nous avions passé de longs moments à parler de la nécessaire mise en cause de l'économisme dominant que tu avais raillé avec talent dans ton livre,* Des Économistes au-dessus de tout soupçon. *De mon côté, je travaillais à la mise en forme de mon rapport «Reconsidérer la richesse*[1] *», à la demande du secrétaire d'état à l'Économie solidaire, Guy Hascoët. Tu m'avais encouragé dans ce travail de remise en cause des indicateurs de richesse dominants dont le fameux Pib était le parangon. Nous nous étions retrouvés à l'initiative de Claude Alphandery lors des états généraux de l'Économie sociale et solidaire que tu avais accepté de parrainer activement. C'est un privilège de t'avoir connu. Tu fais partie de ces êtres dont la force de vie est telle qu'elle passe la barrière de la mort. Tes textes, tes chroniques si pertinentes sur France Inter continueront de nous nourrir dans ce combat pour une société plus fraternelle. Bernard, merci!*

1. Patrick Viveret, «Reconsidérer la richesse», Rapport final de la mission «nouveaux facteurs de richesse», Secrétariat d'État à l'économie solidaire / La Documentation française, 2002.

Prologue

Après les attentats de Tunis…
Propos d'un jeune préparant le forum…
Moins d'une semaine avant le FSM de Tunis 2015.

Tout le monde s'agite. Les téléphones sonnent. Les gens courent dans tous les sens. Les mails affluent. Les avions atterrissent. Les clopes fument…

Bref, c'est l'effervescence la plus totale. Il s'agit de faire le maximum pour que ce rendez-vous mondial des militants, activistes, intellectuels et citoyens, se battant pour un autre monde, soit une réussite.

Tout y est. Des mois de travail de la part de toutes les équipes, pour l'organisation, la mobilisation et la réalisation de ce forum. Une grosse équipe de militants et de volontaires surmotivés… Tout y est pour y arriver.

Et puis, au milieu de l'hyperactivité générale, la nouvelle tombe. Une attaque sur des touristes qui visitaient le musée du Bardo (qui accueille de nombreux chefs-d'œuvre de l'Antiquité tunisienne) fait une vingtaine de morts. Alors plein de questions se posent. Qu'est-ce que tout cela annonce pour la Tunisie, pour les copains tunisiens ?

Puis, qu'est-ce qu'il va se passer pour le forum ? Est-ce qu'il faut tout revoir ? Annuler ?

Surtout pas ! À Tunis, à Paris, à Kobané, ou partout ailleurs, qu'ils nous trouvent toujours sur leur route ! Continuons la lutte. Ils veulent semer la peur ? Semons la résistance, la fête, l'alternative… Ils sont la mort, soyons la vie, l'amour et la fraternité ! Ils veulent nous diviser ? Retrouvons-nous plus nombreux, plus forts, plus soudés !

Ça tombe bien, on a tout préparé pour vous accueillir. On vous attend, nombreux, solidaires, fraternels et révoltés.

À Tunis, dès aujourd'hui, demain ou dans les jours qui viennent.

¡No pasarán!

Esprit du 11 janvier, es-tu là ?

Le 11 janvier 2015, plusieurs millions de personnes se sont levées pour refuser le déchaînement sanguinaire des attentats meurtriers contre les journalistes de *Charlie Hebdo* puis contre l'hypermarché casher le surlendemain. Ils l'ont fait pacifiquement, dans la joie partagée d'être au coude à coude, alors qu'ils auraient pu céder à la peur et au repli identitaire. Ils ont réinventé à cette occasion l'esprit de fraternité qui figure sur le fronton de nos édifices publics et que proclame la Déclaration universelle des droits de l'homme. Pourtant, quelques mois après, l'esprit du 11 janvier paraît bien loin. Le Front national, qui s'était trouvé marginalisé à cette occasion, comme si la fraternité était pour lui un solvant dangereux, a recouvré sa superbe. Les appels à la compétitivité, les postures sécuritaires et, parfois, liberticides semblent avoir repris le dessus. D'autres attentats meurtriers ont eu lieu, à Copenhague, à Tunis, au Yémen… Les méthodes guerrières sont plus que jamais menaçantes et nous sommes face à ce que l'on pourrait nommer un double dérèglement climatique, le réchauffement, bien connu des climatologues, et son contraire, la glaciation, celle de notre climat émotionnel et relationnel, celle nos cœurs. Abdennour Bidar, avec qui nous avons pris l'initiative du Mouvement du 11, afin d'organiser tous les 11 du mois des rendez-vous de citoyens pour faire vivre cet esprit de fraternité, le décrit ainsi[1] : « Le temps est venu de donner un cœur chaud à nos principes froids, de compléter la politesse et le civisme par la fraternité… Il fait trop froid dans la vie en Occident. Et ce n'est donc pas le réchauffement climatique qui nous menace le plus à court terme, mais notre enfoncement toujours plus loin dans l'ère glaciaire des rapports humains. »

Il est important de bien comprendre ce lien qui va au-delà de la métaphore du double dérèglement climatique. Ce lien résulte de ce que l'on peut appeler le coût écologique du mal-être et du mal de vivre. Plus l'humanité est en guerre avec elle-même, plus elle développe un rapport prédateur à la nature. La tension entre le gaspillage des ressources et la surconsommation énergétique, à un pôle, les impératifs de survie, à l'autre, se

1. Abdennour Bidar, *Plaidoyer pour la fraternité*, Albin Michel, 2015.

traduit par des effets massifs dans trois domaines : les atteintes majeures à la biodiversité, les grandes pollutions et, bien sûr, les dégagements excessifs de gaz à effet de serre, qui jouent un rôle déterminant dans le dérèglement climatique. Nous reviendrons plus précisément sur ce lien mais retenons à ce stade que la fraternité constitue tout autant un enjeu écologique qu'un enjeu sociétal.

Fraternité ou barbarie

Et puis, bien sûr, la forme radicale que prend la glaciation climatique, c'est celle du refus absolu de l'autre qu'exprime le désir d'éradication de ce qui n'est pas soi. Ce que l'on appelle «terrorisme», terme passe-partout, est devenu, pour les Occidentaux, l'expression de cette posture qui sème la mort autour d'elle : non seulement mort physique, mais aussi mort culturelle comme à Tombouctou ou au musée de Tunis lors des attentats de mars 2015. Le terme que l'on a le plus coutume d'associer à «terrorisme» dans ce type d'entreprise meurtrière est «barbarie». Mais que signifie cette barbarie et que veut dire une capacité de défense mondiale contre le terrorisme et la barbarie ?

«À menace globale, riposte globale», déclarait un responsable tunisien après les attentats de Tunis venant après ceux de Paris, de Copenhague, de Tunis... Certes, mais encore faut-il ne pas se tromper de menace si l'on ne veut pas que la riposte soit inadaptée ou, pire, dangereuse. Car si, à l'évidence, nous sommes en présence d'un conflit mondial qui peut toucher n'importe quel pays à n'importe quel moment, qui concerne tout autant l'échelon planétaire que l'échelon local (les cités), il y a deux approches radicalement différentes de l'analyse et de la stratégie à mettre en œuvre.

La première est celle de la guerre de civilisation théorisée il y a quelques années par l'intellectuel conservateur américain Samuel Huntington [1].

C'est la théorie qui a conduit le gouvernement Bush à réagir aux attentats du 11 septembre 2001 par la guerre, le mensonge, la torture et la restriction massive des droits au moyen du Patriot Act.

Cette démarche, si elle s'imposait aujourd'hui en Europe, nous mènerait droit vers des régressions comparables ou même pires et pourrait faire éclater une guerre civile, ce qui signerait d'ailleurs la victoire du fanatisme, dont c'est l'objectif.

L'autre voie, c'est celle qu'avait prônée le Premier ministre norvégien après l'attentat meurtrier d'un fanatique d'extrême droite dans l'île d'Utoya en juillet 2011 : « J'ai un message pour celui qui nous a attaqués et pour

1. Samuel Huntington, *Le Choc des civilisations*, Odile Jacob, 1997.

ceux qui sont derrière tout ça : vous ne détruirez pas la démocratie et notre travail pour rendre le monde meilleur [...] Nous allons répondre à la terreur par plus de démocratie, d'ouverture et de tolérance... »

Cette seconde voie, c'est celle de la vie, du dialogue, de la civilisation, du refus de confondre violence et conflit.

C'est la voie de la liberté face aux régressions sécuritaires, de l'égalité face à l'explosion des inégalités et, bien sûr, de la fraternité, cette grande oubliée de la République, face aux fanatismes et aux racismes de toute nature.

Tel est l'enjeu de ce conflit mondial qui n'est pas pour autant une guerre mondiale, car son objet est précisément, dans un travail sur la paix, de substituer la logique du conflit entre adversaires à celle de la violence entre ennemis.

Simple nuance de vocabulaire, dira-t-on ? Pas le moins du monde. La logique de la violence entre ennemis est celle de l'éradication. L'autre est identifié substantiellement comme extérieur au genre humain. Il est le mal incarné, le barbare, le terroriste. Le détruire, l'éradiquer, est alors une opération de purification, « purification ethnique » comme le disaient les milices serbes contre les Bosniaques, de « nettoyage » comme le disait l'armée française pendant la guerre d'Algérie. Remarquons que cette posture est parfaitement symétrique, interchangeable. Aux yeux de Ben Laden hier, de Daesh aujourd'hui, c'est l'Occident qui fait figure d'axe du mal.

Cette absolutisation autorise à utiliser tous les moyens, en particulier l'élimination physique.

La logique du conflit est tout autre. Il y a des actes barbares, il n'y a pas de barbares. La barbarie est un dérapage dans l'inhumanité qui menace tout individu, tout groupe humain. C'est une aliénation, une altération d'humanité qui n'est pas réservée à certains.

L'Europe a payé le prix lourd pour comprendre que la barbarie pouvait naître au cœur de grandes civilisations. La patrie de Kant et de Beethoven pouvait aussi enfanter le nazisme. La patrie de Dante pouvait enfanter le fascisme, celle des Droits de l'homme, le colonialisme, celle de Cervantès, le franquisme, celle de l'*habeas corpus*, l'impérialisme, celle de la libération du tsarisme, la terreur stalinienne, celle de la statue de la liberté, un système international de torture. La liste est infinie. Avoir été victime ne constitue en rien la garantie de ne pas devenir soi-même bourreau. L'holocauste dont ont été victimes les Juifs ne justifie pas la politique d'apartheid du gouvernement israélien. Et le drame que vivent les Palestiniens ne justifie pas plus les actes meurtriers qui sont commis régulièrement contre des Juifs.

Dès lors que l'on a compris cela, on comprend que la barbarie n'est pas du côté de la diabolisation de l'altérité mais de l'absolutisation de l'identité. Nous retrouvons alors ce que ne cessent de nous dire depuis des millénaires les traditions de sagesse : la barbarie est intérieure et non extérieure. Elle n'est pas étrangère à l'humanité, elle en est la face sombre, celle de sa propre inhumanité. S'il y a un djihad, une guerre sainte, c'est en réalité un conflit intérieur, un travail sur soi individuel et collectif contre cette barbarie intérieure.

Et c'est là que nous saisissons l'enjeu de la fraternité. En effet le *frater,* étymologiquement, c'est le genre humain. Et l'esprit de fraternité dont parle la Déclaration universelle des droits de l'homme, nous pouvons le définir comme le travail sur lui-même que doit faire le « peuple de la terre », notre fragile famille humaine, pour apprendre à s'humaniser voire, osons le mot, pour apprendre à mieux s'aimer. Faute de ce mouvement vers une qualité supérieure d'humanité et de fraternité, nous risquons, comme le présageait Martin Luther King, de « périr comme des imbéciles » !

Il y a en effet un lien étroit entre la brutalité et la bêtise, comme le signale l'expression, « bête et méchant ». Et il y a au contraire un lien étroit entre l'intelligence et l'esprit de fraternité, n'en déplaise aux cyniques qui hurlent aux « Bisounours » dès que l'on évoque ce lien. L'intelligence se nourrit de l'interdépendance, du lien, donc de l'écoute de la différence et de la divergence, dès lors que celle-ci ne dérape pas en violence.

Oui, il est temps de revisiter les valeurs-forces de vie qu'exprime la tension dynamique entre liberté, égalité et fraternité, à condition de redonner toute sa force à la fraternité, de cesser d'en faire la cerise *sur* le gâteau pour en faire la cerise *dans* le gâteau, non un simple supplément d'âme mais l'*anima*, le souffle même qui permettait de repenser les deux autres valeurs fondamentales, et même les trois autres si l'on y ajoute la laïcité. C'est à cet objectif que ce petit livre d'intervention civique entend contribuer en commençant par rappeler l'histoire passionnée et passionnante du thème de la fraternité.

Quand les valeurs reprennent vie !

Nombre de traditions de sagesse évoquent les trois portes « vers l'essentiel » qui peuvent s'ouvrir devant l'humanité : celle de la Beauté, celle de l'Amour et celle de la Souffrance. Mais faute de savoir ouvrir les deux premières, comme le note Jacqueline Kelen [1], nous nous condamnons le plus souvent à ne découvrir l'essentiel que par la porte de la Souffrance.

C'est cette porte que la France a dû ouvrir lors des attentats meurtriers de début janvier contre les journalistes de *Charlie Hebdo* puis contre l'hypermarché casher le surlendemain. Une fois cette porte ouverte, trois éléments essentiels nous sont apparus avec force.

1. Jacqueline Kelen, *Un chemin d'ambroisie. Amour, religion et chausse-trappes*, La Table ronde, 2010 ; voir aussi son *Bréviaire du colimaçon. Sur la vie spirituelle*, Desclée de Brouwer, 2011.

Le premier s'exprime par le sens nouveau repris par la notion de valeur : lorsque le tragique revient, lorsque l'enjeu est la vie et la mort, tout le reste passe au second plan et peut paraître même franchement dérisoire. Et dans ce reste, il y a le matériau, pourtant considérable, de ce qui fait d'habitude le cœur des préoccupations médiatiques, économiques et politiques : argent, compétition, gloire, spectacle des affrontements politiciens. Tout cela se trouvait balayé, rétrogradé, dévalorisé et tout à coup le terme « valeur » reprenait son sens originel, celui de force de vie.

Oui, c'est la valeur force de vie qui est en jeu, aussi bien du côté des victimes qui ont payé de leur vie leur attachement à la liberté d'expression, que du côté de leurs tueurs, il faut oser aussi le dire, qui risquaient eux aussi leur vie et qui l'ont en effet perdue dans les jours suivants. Et cette valeur-force de vie a, elle aussi, tout à coup redonné des couleurs à la devise inscrite au fronton de nos édifices publics : « Liberté, Égalité, Fraternité ». Et lorsque les citoyens ont réagi et se sont exprimés, dès le premier soir des attentats, grâce aux rassemblements spontanés sur les places publiques, prolongés par la grande marche civique du 11 janvier c'est bien encore de force de vie qu'il s'est agi : la force de vie dont le nom latin est *valor* et dont le nom grec est *eros*, il faudra nous en souvenir…

Du coup, et c'est le second élément essentiel qui est apparu avec force, l'obsession économique qui transforme la valeur en « *value for money* », réduisant ainsi toute valeur à une expression monétaire, a montré son incapacité à fonder un lien social fort. Dans une société qui a pour seul objet de gagner des parts de marché et d'accroître sa compétitivité, une société dont les seuls critères sont les tableaux de bord des indicateurs économiques dominants, le *value for money* vide de tout contenu les principes républicains : la liberté n'est plus que celle « du renard libre dans le poulailler libre », l'égalité cède la place au creusement des inégalités et la fraternité devient vide de sens. Elle n'est plus, comme le faisait remarquer Régis Debray, que cette vieille cousine que personne n'invite plus à danser !

On comprend alors qu'une civilisation qui s'est dégradée au point de ne plus proposer comme sens de la vie que celui d'une compétition dans un univers purement marchand est condamnée à ce suicide dont parle Arnold Toynbee [1].

Paradoxalement, les djihadistes nous obligent, si nous voulons déjouer la peur, à refonder notre lien social et politique sur des raisons de vivre qui puissent aussi devenir des raisons de mourir.

1. « Guerre et civilisations », extraits de A. Toynbee par A.F. Fowler, coll idées, Gallimard, 1962.

La troisième leçon sur l'essentiel, c'est donc bien l'exigence de redonner tout son sens à l'esprit de fraternité, y compris dans sa part la plus exigeante qui est celle de reconnaître comme frères en humanité des êtres qui se sont rendus coupables d'actes meurtriers ou barbares, comme ce fut le cas, début janvier, pour les frères Kouachi et Amedy Coulibaly. Il y a des actes meurtriers, barbares, des actes terroristes, mais il n'y a pas, nous l'avons vu, des êtres ou des groupes humains qui seraient par nature criminels, barbares, terroristes. Il n'y a pas d'« axe du mal » prédéterminé qui caractériserait tel peuple, telle nation, de sorte que d'autres seraient autorisés à se prévaloir d'appartenir au camp du bien. Reconnaître que des personnes responsables d'actes meurtriers continuent d'appartenir au *frater*, au genre humain, va donc aussi nous conduire à ce changement de posture quant à la question la plus difficile pour notre famille humaine : comment faire avec sa propre barbarie intérieure, avec sa part d'inhumanité ? La vieille question adressée par Yahvé à Caïn, selon la Bible – Qu'as-tu fait de ton frère ? – est une des questions les plus cruciales sur lesquelles nous devons travailler autant sur le plan personnel que sur le plan sociétal. Pour ce faire, il nous faut cesser de réduire la fraternité à une notion molle, sans saveur et sans rigueur. Il nous faut cesser de la voir comme la vieille cousine qui fait tapisserie. C'est au contraire une toujours jeune et jolie femme dont l'histoire passionnée et passionnante mérite d'être contée.

Passionnante fraternité !

L'histoire de la fraternité est tout sauf un long fleuve tranquille. Elle aura certes ses apôtres enthousiastes comme Cabet qui écrit dans *Le Populaire* du 14 mars 1841 : « Si l'on nous demande quelle est votre science, nous répondrons la fraternité ! Quel est votre principe ? La fraternité ! Quelle est votre doctrine ? La fraternité ! Quelle est votre théorie ? La fraternité ! Quel est votre système ? La fraternité ! »

Mais elle suscite aussi, et plus souvent, l'ironie, l'indifférence, la polémique plutôt que l'assentiment. « La fraternité, c'est bon pour les chrétiens, les francs-maçons et les imbéciles », selon une opinion assez largement répandue ; comme le note avec humour Bruno Mattei [1]

1. « Penser la fraternité », conférence de Bruno Mattei le 10 novembre 2004 à l'université de Lille.

après avoir cité ce propos, cela fait quand même pas mal de monde !

Historiquement, il faut attendre la deuxième révolution française, celle de 1848, pour qu'elle apparaisse, aux côtés de la liberté et de l'égalité, dans la devise républicaine même si la Ire République y fait référence, notamment avec le fameux salut entre sans culottes : « Salut et fraternité ».

Quant à la $\mathrm{III}^{\mathrm{e}}$ République, elle verra de nombreuses tentatives pour mettre en cause le troisième terme du triptyque républicain. Un congrès socialiste propose en 1879 de lui substituer le terme « solidarité ». Charles Gide, un des principaux penseurs de l'économie sociale, écrira : « La fraternité, on laisse à ceux qui y croient encore le soin de la démontrer par des embrassades, mais les gens sérieux ne lui donnent pas plus de place dans la science que dans les affaires [1]. »

L'accusation principale portée à l'époque n'est pas sans rappeler le slogan actuel : « On n'est pas dans le monde des Bisounours ! » À l'époque, les détracteurs de la fraternité évoquent « une république sentimentale ». Léon Bourgeois, qui se fera le défenseur du « solidarisme », attribue à la fraternité le simple rôle honorifique de « supplément d'âme ».

1. Cité dans Bruno Mattei, « Penser la fraternité », art. cité.

Il est intéressant de comprendre cette opposition entre solidarité et fraternité, qui peut nous étonner, aujourd'hui où les deux termes sont souvent interchangeables. Mais la solidarité paraissait à l'époque s'appuyer sur une approche scientifique, inspirée du courant positiviste d'Auguste Comte. Comme le note A. Croiset, un des penseurs de cette époque, « la fortune du mot de solidarité s'explique sans peine. Si les individus ne sont [...] que les cellules de la société, le mot par lequel les biologistes expriment l'interdépendance des cellules est celui même qui doit exprimer, dorénavant, l'interdépendance des individus. Les termes "justice", "charité", "fraternité" ont semblé insuffisants. La fraternité même, si chère à la démocratie sentimentale de 1848, a le tort justement de n'être qu'un sentiment, et nos générations modernes, avides de science positive et objective, avaient besoin d'un mot qui exprimât le caractère scientifique de la loi morale. Le mot "solidarité", emprunté à la biologie, répondait merveilleusement à ce besoin obscur et profond[1]. »

On retrouve la même idée chez Gustave Lebon : « La science ne croit guère à la fraternité, puisque la lutte sans merci est un phénomène constant depuis les temps

1. *Ibid.*

géologiques, alors que la solidarité n'est mise en défaut par aucune observation [1]. »

La fraternité serait-elle donc cette pure approche sentimentale, ce simple supplément d'âme ? C'est aussi, notons-le, devenu le lot, dans la société contemporaine, du terme « solidarité », que l'on oppose désormais rarement à « fraternité ». En fait, trois arguments plaident aujourd'hui en sens inverse.

Le premier argument est que le *frater* n'est pas un sentiment mais une réalité, et même une réalité fondatrice, originelle, puisque le mot veut dire « genre humain ». Ainsi, contrairement à une forte idée reçue, le terme « fraternité » ne renvoie pas d'abord à la famille et au genre masculin (les frères distincts des sœurs) mais au genre humain dans son ensemble.

C'est d'ailleurs cette conception de la fraternité qui conduit la plupart des traditions de sagesse à considérer que nous sommes tous des frères en humanité, ce que les traditions spirituelles transcendantes expriment aussi par l'idée que tous les êtres humains étant fils et filles d'un même Dieu, ils sont aussi dans un rapport de fraternité entre eux. La fraternité n'est pas un choix affectif comme l'amitié, c'est un fait originel à la fois biologique

1. Gustave Le Bon, *Psychologie du socialisme*, 1896, [rééd., Déterna, « Documents pour l'Histoire », 2008].

et ontologique, pour parler comme Levinas[1], qui renvoie à notre commune appartenance à l'espèce humaine. C'est pour la même raison que le terme « fraternité » est détourné de son sens s'il indique une préférence communautaire pour une catégorie d'êtres humains contre une autre. La fraternité peut être chrétienne, musulmane, maçonnique, entre autres (cas de collectivités où le terme « frères » est utilisé couramment), mais à condition que cette fraternité soit annonciatrice d'une fraternité plus large. Si elle devient exclusive, ou pire excluante, elle est en réalité contraire à son principe même. C'est en ce sens qu'il est tout à fait légitime de retrouver ce thème de la fraternité dans l'article Ier de la Déclaration universelle des droits de l'homme. Face à l'exacerbation des sentiments de rejet de l'autre, il est impératif de le rappeler avec force : « Tous les êtres humains naissent libres et égaux en dignité et en droits. Ils sont doués de raison et de conscience et doivent agir les uns envers les autres dans un esprit de fraternité. »

Il est important en effet de relier la fraternité à deux traits de la condition humaine que sont la raison et la conscience. C'est l'inconscience et l'inintelligence qui sont au contraire au cœur de la brutalité et de la violence destructrice de cette humanité : quand Martin Luther

1. Thèse développée par Bruno Mattei, « Penser la fraternité », art. cité..

King déclare qu'« il nous faut apprendre à nous aimer comme des frères ou nous préparer à périr comme des imbéciles », il établit à juste titre ce lien entre fraternité et intelligence que j'ai évoqué dans l'introduction de ce livre.

Le mot « convivialité », auquel Ivan Illich a redonné une nouvelle jeunesse, exprime également cette réalité inévitable du vivre ensemble et de l'interdépendance humaine. C'est cette notion que met en avant le *Manifeste du convivialisme*, pour des raisons développées par celui qui en est à l'origine, le sociologue Alain Caillé [1]. Mais il faut alors entendre ce terme, « convivialisme », lui aussi dans son sens fort de « vivre ensemble », de *con-vivere*, et ne pas réduire la convivialité à une dimension affective.

Dès lors, et c'est le second argument en faveur d'une réhabilitation du thème de la fraternité, la logique du *frater*, du genre humain, est plus que jamais d'actualité à l'heure de ce que je préfère nommer, comme Édouard Glissant, la « mondialité ». J'évite ainsi l'instrumentalisation que le capitalisme financier a fait du terme « mondialisation » : ce terme ne couvre en réalité que la globalisation des mouvements de capitaux et de marchandises et exclue les grands défis mondiaux que sont par exemple l'écologie ou la lutte contre le creusement

1. Alain Caillé, *Pour un manifeste du convivialisme*, le Bord de l'eau, 2011. Voir aussi le site des Convivialistes, <www.les convivialistes.org>.

des inégalités sociales. Il nous faut cesser de faire cadeau de la mondialité au capitalisme. L'avenir du « peuple de la terre » est devenu la grande affaire du XXIe siècle. La famille humaine peut se perdre, mais si elle utilise les défis majeurs qui sont devant elle pour se constituer en sujet positif de sa propre histoire, elle peut franchir une étape qualitative dans la voie de sa propre humanisation [1]. Et la fraternité est alors la riposte à/le rempart contre la barbarie, barbarie dont j'ai rappelé qu'elle n'est pas une étrangeté à l'espèce humaine mais son altération quand nous basculons dans des comportements de rejet et de haine.

Nous sommes loin alors d'une approche purement sentimentale ou d'un simple supplément d'âme et il nous faut entendre le *frater* comme fait originel ontologique et pas seulement biologique pour reprendre l'approche du philosophe Emmanuel Levinas qu'évoque Bruno Mattei : « La fraternité relève d'une nécessité, et non pas d'un choix ou d'un regard idéaliste, positiviste ou volontariste que nous poserions sur notre condition. "Fait originel", cela veut dire "qui est déjà là", donc "qui n'a pas de commencement assignable, ni de fin prévisible". On devrait dire alors que nous ne pouvons pas échapper à la fraternité. Nous sommes insécablement frères, du fait

1. Voir la thèse que je défends dans *La Cause humaine. Du bon usage de la fin d'un monde*, Les Liens qui libèrent, 2012.

d'un lien transcendantal. Ce qui se traduirait autrement en avançant que nous sommes "passibles de fraternité" [1] »

Certes, une telle approche s'oppose radicalement à celle qui refuse tout à la fois l'universalité des droits humains et le principe d'égale dignité entre les membres de la famille humaine (article Ier de la Déclaration universelle de 1948 confirmée par les Nations unies en 1976 [2]). Mais cette confrontation est alors plutôt un troisième argument en faveur de l'actualité du thème de la fraternité. Quand on voit comment des opposants à ce qu'ils appellent de manière méprisante les « droits-de-l'hommisme » cultivent la nostalgie du patriarcat et voient dans la montée du droit des femmes la cause majeure du déclin de l'Occident et plus particulièrement de la France, on se dit que la fraternité est un bon antidote à ces thèses obsédées par les thèmes du suicide ou de la soumission [3]. Ici il nous faut retrouver une valeur subversive de la fraternité qui déjà provoquait la méfiance sous la

1. Bruno Mattei, « Penser la fraternité », art. cité..

2. Cela permet de réfuter l'argument selon lequel la Déclaration de 1948 ne serait celle que d'une fraction limitée de pays occidentaux

3. Voir Éric Zemmour, *Le Suicide français*, Albin Michel, 2014, dans lequel l'auteur se lamente à propos du partage de l'autorité parentale dans le couple. Voir aussi le roman de Michel Houellebecq, *Soumission*, Flammarion, 2015, dont le personnage central se satisfait de l'instauration de la polygamie (au seul bénéfice des hommes !).

IIIe République chez ceux qui trouvaient que la fraternité incitait trop à la mise en cause de l'ordre social. C'est ainsi qu'Auguste Comte (mieux inspiré sur d'autres plans) pouvait écrire qu'« une société ne peut subsister que par l'inégalité entre entrepreneurs et travailleurs. Ceux-ci devant être notamment soumis à ceux-là, car aucune société ne peut durer si les inférieurs ne respectent pas leurs supérieurs et s'il n'y a pas de vénération des faibles pour les forts [1]. » (*sic*!)

C'est cette valeur subversive, trop souvent oubliée, de la fraternité qui va nous permettre de reconsidérer son lien nourricier et toujours réel à la liberté et à l'égalité.

1. Bruno Mattei, « Penser la fraternité », art. cité.

Liberté

Fait originel fondateur, antidote aux pensées régressives, la fraternité est aussi une ressource essentielle pour appréhender différemment les valeurs de liberté et d'égalité, non seulement au cœur de la République française, mais dans le monde entier confronté aux régressions liberticides et au creusement des inégalités sociales. On ne peut en effet penser la liberté comme le droit égal de tout être humain à vivre pleinement son humanité que si l'on réfère la liberté et l'égalité au *frater* originel, la famille humaine. Sans cette exigence la liberté peut vite devenir celle «du renard libre dans le poulailler libre», pour reprendre une formule fameuse de Jean Jaurès. Et l'égalité peut, si elle est appliquée mécaniquement, bureaucratiquement, faire le lit d'un nouveau despotisme comme on le vit avec les dérapages des systèmes soviétique et chinois. Catherine Chalier, dans la continuité d'Emmanuel Levinas, écrit :

« Qu'est-ce que l'égalité qui n'est pas rachetée par la fraternité sinon une nouvelle forme d'oppression ? Et qu'est-ce que la liberté si elle induit l'infortune autour de soi et s'accommode de l'indifférence au sort d'autrui, sinon l'alibi de la violence [1] ? »

Ce rapport dynamique entre fraternité, liberté et égalité rencontre aujourd'hui une actualité brûlante qui concerne le *frater*, bien au-delà de la seule République française.

Nous sommes censés vivre dans des sociétés dominées par l'idéologie libérale. En réalité, il y a belle lurette que le libéralisme politique et le libéralisme culturel sont mis en cause. Même le prétendu libéralisme économique cède de plus en plus la place, comme le montre Jeremy Rifkin dans *La Nouvelle Société du coût marginal zéro*[2], à un système anticoncurrentiel, et ce, de manière à préserver des taux de profits élevés.

Reprenons ces différents points. Politiquement et culturellement, un véritable libéralisme se caractérise par le fait d'étendre ou, au minimum, de préserver les

1. Citée par Bruno Mattei dans « Penser la fraternité », art. cit.

2. Jeremy Rifkin, *La Nouvelle Société du coût marginal zéro. L'Internet des objets, l'émergence des communaux collaboratifs*, Les Liens qui libèrent, 2014.

libertés civiques et culturelles. Or, c'est au contraire à un mouvement de régression que nous assistons, du fait de l'extension des démarches sécuritaires étatiques ou de l'approche invasive des grandes multinationales qui dominent la révolution numérique. Le cas des États-Unis est flagrant à cet égard. Les scandales de l'espionnage généralisé par la NSA et la CIA des citoyens et de responsables publics étrangers le montre. Quant à la dominance des quatre grandes entreprises intervenant dans le numérique, Amazon, Google, Microsoft et Apple, elle se traduit par un contrôle des données, y compris personnelles, qui actualise les scénarios alarmistes des fictions d'Huxley ou d'Orwell. Que le PDG de Google puisse déclarer sans le moindre état d'âme que « la vie privée est une anomalie provisoire » est un signe majeur de ces régressions.

Le plus grave est peut-être que cette évolution est revendiquée, si ce n'est théorisée. Dans la veine de la déclaration du patron de Google à propos de la disparition de la vie privée, on trouve un texte significatif du théoricien conservateur Samuel Huntington. Ce texte est la publication d'un rapport (qui devait être secret) de 1975 à la Trilatérale [1]. On y lit ainsi que « plusieurs des problèmes de gouvernance aux États Unis aujourd'hui découlent d'un excès de démocratie » (*sic*) et que « le bon

1. Michel Crozier, Samuel Huntington et Joji Watanuki, *The Crisis of Democracy. Report on the Governability of Democracies to the Trilateral Commission*, New York University Press, 1975.

fonctionnement d'un système politique requiert habituellement une certaine mesure d'apathie et de non-engagement d'une partie des individus et des groupes » (encore *sic*).

Il n'est guère étonnant avec de telles théories que les Chicago boys de Milton Friedmann aient expérimenté sous la dictature de Pinochet au Chili les méthodes de l'hypercapitalisme (terme dû à Robert Reich, ancien ministre de Bill Clinton), sur lesquelles s'appuieront les politiques économiques de dérégulation mises en œuvre ensuite par Margareth Thatcher et Ronald Reagan. Et l'on comprend alors que cet hypercapitalisme, loin de vouloir défendre les libertés dans le monde entier, est au contraire fasciné par les modèles autoritaires.

C'est ainsi que l'on a pu lire il y a quelques années sous la plume d'un éditorialiste du *New York Times* ce texte qui a de quoi se faire retourner dans leur tombe les pères de la démocratie américaine : « Une autocratie gouvernée par un parti unique présente certainement des défauts. Mais, quand elle est dirigée par un groupe de gens raisonnablement éclairés, comme c'est le cas en Chine aujourd'hui, elle peut aussi avoir de grands avantages. C'est qu'un parti unique peut imposer des politiques difficiles à faire accepter mais essentielles pour faire avancer une société dans le XXIe siècle... » Oui vous avez bien lu : mieux vaut un parti unique pour imposer des politiques difficiles. Eh bien, ce parti unique mondial existe aujourd'hui ; c'est le parti de l'oligarchie financière. Et il est tout sauf démocratique et même libéral. Ses opposants commettent une dangereuse erreur en le qualifiant de libéral ou même de néolibéral. J'ai débattu de cette question avec mes amis d'Attac, dont je fus l'un des fondateurs, alors que j'étais par ailleurs d'accord sur le point essentiel qu'était l'exigence de la taxation des marchés financiers. Je les ai mis en garde à l'époque où l'objectif principal était la lutte « contre la mondialisation néolibérale ». Attention ! leur disais-je alors. Le contraire exact d'une mondialisation néolibérale serait un souverainisme archéo-autoritaire ! Souhaitez-vous donc faire ainsi cadeau à l'oligarchie financière de la mondialité, de la nouveauté et de la liberté ? C'est parce que ces débats, que nous étions plusieurs à soulever, ont été pris en compte, que l'antimondialisation s'est muée en altermondialisme, ce qui est infiniment plus juste et adapté à la situation planétaire actuelle.

Égalité

Sur le terrain de l'égalité, la situation est de plus en plus explosive. Certes, les inégalités entre pays dits riches et pays dits pauvres ont diminué, mais c'est désormais le creusement des inégalités sociales entre classes sociales qui, elle, est devenue explosive. Les chiffres récents donnés par l'organisation Oxfam donnent le vertige : en 2014, la fortune de 67 personnes était égale au revenu de la moitié de l'humanité, soit 3 milliards et demi d'individus. Ce ne sont pas des chiffres polémiques. Le très sérieux ouvrage de Thomas Piketty, *Le Capital au XXIe siècle*[1], a démontré que nous retrouvons des niveaux d'inégalités comparables à ceux qui précédaient la grande crise de 1929. En outre, la tendance de cette inégalité à croître géométriquement est particulièrement inquiétante. Le

1. Thomas Piketty, *Le Capital au XXIe siècle*, Seuil, 2013.

Rapport mondial sur le développement humain mettait déjà en évidence en 1998 que la fortune de 228 personnes était à l'époque égale au revenu de 2 milliards et demi d'habitants... Seulement! pourrait-on dire en regard des chiffres actuels!

La tendance concernant la possession du patrimoine est pire. Nous allons vers une situation où 1 % de la population mondiale possédera bientôt la moitié de la richesse mondiale [1]. C'est une situation explosive. Elle résulte en quelque sorte d'un marxisme des ultra-riches qui considèrent que la lutte de classes existe bel et bien, qu'elle est effectivement accoucheuse de l'histoire, mais à leur profit. C'est d'ailleurs ce que reconnaît ouvertement Warren Buffet, l'une des principales fortunes mondiales : « La lutte de classe existe, dit-il (il parle même de guerre de classes). Elle est menée par ma classe, celle des riches, qui est en train de la gagner [2]. » Warren Buffet d'ailleurs s'en inquiète et considère qu'il s'agit là d'une victoire à la Phyrrus lourde de chaos futurs y compris pour les riches. Son inquiétude est fondée, car cette situation est d'autant plus explosive qu'elle se traduit par une destruction des classes moyennes, dangereuse pour la démocratie, comme on a pu le constater déjà dans les années trente. En effet, comme l'avait déjà

1. Voir « Les 1 % les plus fortunés posséderont bientôt la moitié de la richesse modiale », *Le Monde de l'économie*, 19 janvier 2015.

2. Interview de CNN citée par le *New York Times* du 26 novembre 2006.

analysé Wilhelm Reich dans *La Psychologie de masse du fascisme*[1], le déclassement des classes moyennes (ou la peur de leur déclassement) s'accompagne d'un phénomène redoutable qu'il nomme la «peste émotionnelle». Faute de pouvoir recoller au peloton des riches, les classes moyennes cherchent à maintenir la distance avec des catégories qui leur étaient inférieures (les immigrés italiens et polonais, les Tziganes des années trente par exemple, les immigrés maghrébins, les Roms aujourd'hui) en les prenant pour boucs émissaires de leur propre déchéance sociale.

Habilement exploitée aujourd'hui par des démagogues comme les dirigeants du Front national en France, ou leur équivalent en Europe, cette angoisse finit par favoriser la montée de courants xénophobes et fascisants.

Une telle situation est structurellement liée à la démesure de l'économie spéculative et à l'évasion fiscale massive des acteurs de l'oligarchie financière, rendue possible par l'existence des paradis fiscaux dont les flux financiers représentent, selon l'ancien chef économiste de McKinsey, entre 26000 et 32000 milliards de dollars. Rien que pour l'Europe l'évasion fiscale, souvent camouflée derrière le terme «optimisation fiscale[2]», était estimée

1. Wilhelm Reich, *La Psychologie de masse du fascisme*, Payot et Rivages, 1998.

2. L'optimisation fiscale consiste à déclarer ses revenus dans un pays à très bas taux d'imposition, ce qui est le cas des paradis

par l'ancien commissaire européen Michel Barnier à mille milliards d'euros. Pour la France, c'est entre 60 et 80 milliards d'euros annuels qui sont ainsi détournés chaque année. Oui, davantage que les 50 milliards recherchés par le gouvernement sur trois ans!

On comprend qu'un détournement d'un montant pareil est une atteinte majeure à l'esprit de fraternité. Non seulement il creuse les inégalités, de revenu comme de patrimoine, mais aussi il attaque le lien fondamental qui associe normalement l'idée de contribution publique à celle de citoyenneté.

fiscaux.

Fraternité, citoyenneté

Qu'est-ce qui fonde la contribution publique dans la Déclaration des droits de l'homme et du citoyen, dont il faut rappeler qu'elle a été rédigée dans un esprit universaliste, puisque la référence à la France y est marginale ? C'est l'article 14 qui mérite d'être examiné à nouveau pour son extrême actualité. Que dit cet article ?

« Tous les citoyens ont le droit de constater, par eux-mêmes ou par leurs représentants, la nécessité de la contribution publique, de la consentir librement, d'en suivre l'emploi, et d'en déterminer la quotité, l'assiette, le recouvrement et la durée. »

Ce texte est anticipateur à plus d'un titre. D'abord parce qu'il utilise le terme « contribution » et non « impôt ». L'impôt est une notion d'Ancien Régime : on est assujetti à un impôt ; dans une république on est contributeur et contributeur délibérant et même décisionnaire. L'article place « par eux-mêmes » avant « ou par ses représentants ». C'est du « budget participatif » avant la lettre. Il y a donc un lien étroit entre contribution publique et citoyenneté. Si ce lien est rompu, c'est la qualité démocratique qui est affectée. Mais dira-t-on que c'est le cas lorsqu'un nombre important de citoyens se trouve exonéré d'impôts ? Ce qui est présenté comme une mesure de justice sociale devient une forme insidieuse de privation d'un droit civique majeur.

Faut-il par conséquent faire payer tout le monde ? Pas forcément, car, c'est le dernier enseignement de l'article 14, rien n'indique que la contribution publique soit forcément monétaire. Par exemple, pendant longtemps l'une des formes de la contribution publique fut celle du service militaire et de la mobilisation en temps de guerre. Nul ne songe bien sûr à regretter ce que l'on appelait à l'époque l'« impôt du sang ». Mais il est d'autres formes possibles de contribution non monétaire.

La plus simple et la plus universelle serait une contribution en temps dont les citoyens pourraient par exemple s'acquitter en accomplissant un service civique universel. Après tout, le temps est une unité de compte universelle beaucoup plus stable que les unités monétaires. Il existe déjà de multiples modalités de liens sociaux fondés sur le temps : les comptes épargne-temps, le service civique, les travaux d'intérêt généraux. Et nombre d'initiatives de citoyens sont fondées sur l'échange de temps : banques du temps en Italie, accorderies au Québec, t*ime* *dollar* aux États Unis, *fair share* en Grande-Bretagne, *fureaï kippu* (tickets de solidarité) au Japon. En France, la plupart des Sel (systèmes d'échanges locaux) sont fondés sur le principe de l'heure et non d'un équivalent euro. Et nombre de monnaies locales qui ont un rapport avec l'euro (l'eusko au pays basque, le sol à Toulouse et Boulogne-sur-Mer, l'abeille à Villeneuve-sur-Lot pour citer les plus connues) cherchent à développer, comme à Chambéry, un lien entre monnaie locale complémentaire de l'euro et système d'échange de temps autour d'une accorderie [1].

Ainsi, dans le nouveau pacte social qu'il nous faut anticiper (chapitre IX), la base temps, permettant des politiques de temps de vie, devra jouer un rôle déterminant. Et cette base temps a l'avantage de tisser un lien universel entre contribution publique et citoyenneté. Là encore, ce sera une façon de faire progresser l'esprit de fraternité.

1. Le film de Marie-Monique Robin, *Sacrée Croissance* (Arte France et M2R Films, avec le soutien du CCFD-Terre solidaire), a fait beaucoup pour populariser dans le monde entier ce type d'initiatives.

Fraternité, laïcité… spiritualité

Liberté, égalité, citoyenneté. Il nous faut évidemment reconsidérer également, en particulier dans la conjoncture actuelle de retour du religieux, cette autre valeur républicaine, souvent objet de polémique, qu'est la laïcité. Rappelons d'abord que ce terme désigne le rapport du peuple (*laos*) aux clercs, donc aux élites politiques ou religieuses. L'autre terme grec pour dire le peuple, *demos*, n'établit pas cette distinction et c'est en ce sens qu'il est plus « démocratique ». Pourtant, le rôle du laïc est essentiel puisqu'il s'agit pour lui de s'assurer que les élites sont bien au service du peuple.

C'est au sein des églises chrétiennes que ce terme trouvera son utilisation la plus fréquente en établissant la distinction entre laïcs et clercs, les seconds n'étant pas les maîtres des premiers, mais leurs ministres, leurs serviteurs, dans la construction du rapport entre le peuple et son dieu. Il s'agit donc de s'assurer que les clercs sont bien ces « ministres », au service de l'ensemble de la communauté, l'ecclésia. Et c'est le peuple qui est censé, dans cette perspective, avoir le dernier mot, comme le signifie l'expression *vox populi, vox dei* (voix du peuple, voix de Dieu). Par contre, quand les clercs tournent le dos à cette fonction ministérielle de service pour faire prévaloir leurs intérêts propres, cela se traduit par une crise majeure dans l'Église. C'est ainsi qu'au XVIe siècle, la révolte contre la corruption des clercs, contre le trafic d'indulgences, c'est-à-dire la monétarisation et la marchandisation du pardon par la papauté, a provoqué le grand schisme de la Réforme protestante. En restituant aux croyants l'accès direct à à la Bible, Luther rétablissait le rapport démocratique à Dieu et redonnait aux laïcs leur pleine responsabilité.

Si je fais ce bref détour étymologique et historique concernant les origines de la laïcité, c'est parce qu'il nous est utile, dans les circonstances actuelles, pour redonner son plein sens à une laïcité vécue par certains comme une forme d'intégrisme antireligieux. Certes, dans le cas de la France, le conflit séculaire entre la IIIe République et la partie de la hiérarchie catholique restée nostalgique de l'Ancien Régime monarchique a pu donner l'impression que la laïcité était d'abord le vecteur du combat de la République contre l'Église. Les positions anticléricales du petit père Combes, président du Conseil de la IIIe République, constitue le pendant des positions antirépublicaines défendues à l'époque par le pape (voir le Syllabus de Pie IX) et nombre d'évêques français. Mais ce conflit ne doit pas faire oublier d'autres éléments qui, sur la longue période historique, s'avèrent beaucoup plus déterminants, en particulier actuellement.

Quel sont ces éléments? En premier lieu, il faut préciser que la laïcité, justement, n'est pas une posture antireligieuse mais le droit à ce que toute forme de croyance ou de culte ne soit interdit ni par l'État ni par une religion dominante qui dénierait ce droit d'expression aux autres.

La loi de 1905 qui organise en France la séparation de l'Église et de l'État est, en ce sens, une loi d'apaisement et elle a vocation à protéger ce droit. Cette séparation est un progrès majeur repris dans d'autres démocraties, y compris celles qui ne se reconnaissent pas forcément dans ce qu'elles appellent la «laïcité à la Française», trop marquée à leurs yeux par le conflit entre la République et le catholicisme. Cette séparation est fondamentale pour résister à la «théocratie», forme éminemment dangereuse du fait religieux, dans laquelle le pouvoir tout à la fois temporel et spirituel est au moins des clercs. Pour organiser cette résistance, il faut pouvoir s'appuyer sur de nombreux laïcs croyants et retrouver ainsi la définition originelle de la laïcité.

Prenons l'exemple de l'Islam, puisque c'est aujourd'hui la religion la plus directement concernée par ce débat. Que veulent l'immense majorité des musulmans ? Vivre leur foi et leur culte en paix et en liberté ! Veulent-ils l'instauration d'un régime théocratique ? La réponse est non, même si une minorité très faible reste fascinée par l'intégrisme. Et lorsque ce régime existe, une grande partie souhaite au contraire s'en libérer, on l'a vu à plusieurs reprises avec les mouvements démocratiques en Iran et dans nombre de pays arabes.

C'est dire que la grande majorité de ces croyants constituent un appui potentiel pour des luttes démocratiques, y compris contre l'instrumentalisation de leur foi par des postures intégristes. Ce sont des laïcs au premier sens du terme, qui veulent que leurs « clercs » retrouvent leur fonction ministérielle au service de la communauté.

Mais si ces millions de personnes croient que la promotion de la laïcité imposera à terme de renoncer à sa foi ou de la traiter comme un simple résidu obscurantiste alors, évidemment, ils en seront plutôt des adversaires au moins passifs et ne s'opposeront pas ouvertement à la minorité intégriste qui se présentera comme la seule capable de défendre leurs droits à la croyance.

C'est pourquoi l'exigence de fraternité conduit à élaborer une laïcité ouverte qui va permettre également ce que j'ai proposé d'appeler une interpellation éthique et même spirituelle des grands faits religieux. En effet, la version fermée et réductrice de la laïcité, qui renvoie toutes les questions du sens au seul espace privé, a pour conséquence paradoxale d'offrir aux religions une forme de monopole sur les enjeux de sens, donc sur les enjeux spirituels des groupes humains. Or, cette question du sens est inévitable pour les individus comme pour les groupes, et ce, pour la simple raison que nous sommes des êtres doués de conscience et que cette conscience est d'abord celle de notre finitude. Croire que des questions essentielles puissent être cantonnées dans l'espace privé ou dans la solitude de chaque conscience est totalement irréaliste. C'est faire le lit d'une autre religion devenue dominante dans notre espace public, la religion de l'économie et de la croissance, ce que, dans mon rapport « Reconsidérer la richesse », j'ai appelé l'écoligion. Cette écoligion a pu s'imposer pendant quelques décennies en proposant comme perspective un pur enrichissement matériel à chacun et un sens de l'histoire fondée sur le seul progrès scientifique et technique. Mais nous constatons aujourd'hui qu'elle est en échec pour trois raisons majeures :

1. La perspective de la seule croissance matérielle pour tous est écologiquement insoutenable et spirituellement trop pauvre.
2. Le creusement des inégalités ne permet plus d'en faire un objectif partagé.
3. Le progrès scientifique et technique peut parfaitement s'accompagner de régressions ou de formes contre-productives (voir Ivan Illich).

Ainsi, si l'écoligion est en panne, on assiste à la réapparition de formes sociales de sens et de reconnaissance, deux fondamentaux anthropologiques chez les humains, qui ne peuvent borner leur aspiration à la simple survie biologique. Or, on comprend bien que si le fait religieux est le seul à répondre à ces attentes, il disposera alors d'une forme de monopole. Plus « il fait froid en Occident », pour reprendre l'expression suggestive d'Abdennour Bidar, plus l'économisme dominant se caractérise par une obsession compétitive et productiviste destructrice du lien écologique et du lien social, et plus le risque grandit que les communautés religieuses deviennent les seuls lieux où l'individu peut trouver chaleur, reconnaissance et un sens à la vie. Certes, des approches comme la philosophie et les traditions de sagesse non transcendantes. Par exemple, le concept de « spiritualité laïque » de Luc Ferry permet, je crois, une progression intéressante du débat ; il réintègre le terme « spiritualité », souvent tabou, en tout cas en France, dans le champ de la laïcité. Encore faut-il qu'il y ait des espaces, des temps publics, des rituels, sans doute, pour que la spiritualité laïque dispose de la même énergie que celle des grandes religions. Et tant que ce n'est pas le cas, le monopole du religieux sur la demande spirituelle se traduit par des formes dangereuses qui tiennent à l'ambivalence du fait religieux marqué par deux sources différentes, et même, à mes yeux, contradictoires. D'une part, la peur, face à la puissance destructrice d'une nature dont on ne comprend pas encore les lois scientifiques, va faire naître la représentation de dieux puissants, courroucés et surplombant (au ciel) les humains. Le sacrifice est alors institué comme remède aux courroux des dieux. Le pouvoir est alors politico-religieux et organise l'économie sur la base de cette représentation du monde organisée autour du sacrifice. On retrouve là certaines hypothèses fortes émises par René Girard dans *La Violence et le Sacré*[1]. Pour apaiser le courroux des dieux, l'homme va donc sacrifier ce qu'il a de plus cher : des humains d'abord, des animaux symboles de sacrifices humains ensuite; puis, rapidement, sera instauré un autre sacrifice de ce que les humains ont de cher car c'est une voie majeure vers la jouissance, l'intensité de vie : leur sexualité.

D'autre part, le religieux est le vecteur d'un autre mouvement que celui de la trilogie peur, soumission, sacrifice. Il va exprimer de plus en plus un mouvement de progression spirituelle porté par des prophètes (en particulier dans l'Ancien Testament) et des rénovateurs radicaux comme Bouddha ou Yeshoua (Jésus) qui changent complètement le rapport au divin. Celui-ci est alors puissance créatrice liée à l'énergie de l'amour et non puissance dominatrice. Il est intérieur et non surplombant : le royaume des cieux est en nous. Il ne demande pas le sacrifice mais l'accomplissement de la vie : c'est la force du « va vers toi » biblique adressé à Abraham, du « lève toi

1. René Girard, *La Violence et le Sacré*, Grasset, 1972.

et marche» de l'Évangile, de l'état de pleine conscience dans le bouddhisme. Le divin n'est pas alors dans la fermeture, le repli identitaire ou la violence à l'égard des infidèles mais dans une ouverture bienveillante et exigeante sur l'être et non le paraître, où l'esprit de la loi prime la lettre. Son énergie fondamentale est la joie et la qualité d'amour et non la peur et l'idolâtrie. Cette posture est presque l'inverse de la réaction née de la peur, y compris en ce qui concerne la sexualité qui devient la voie privilégiée d'accès au divin comme c'est le cas dans plusieurs traditions spirituelles ou de sagesses orientales telles le taoïsme, le tantrisme, certaines formes de l'hindouisme et du bouddhisme. Mais même dans les religions monothéistes dites « du Livre », cette tradition qui relie érotisme et mysticisme, orgasme et extase est présente. Il suffit de relire le Cantique des cantiques en lui redonnant sa pleine dimension érotique et en commençant par lui restituer sa vraie nature de « chant d'amour ». On la voit aussi dans l'Islam grâce aux textes magnifiques du *Traité de l'amour* d'Ibn Arabi, d'un érotisme comparable à celui du *Kâmasûtra*. Et même dans le christianisme où le sacrifice de la sexualité a été théorisé par Augustin qui l'a même confondu avec le pêché originel, cette dimension est présente à l'origine, en particulier chez la première des apôtres, l'annonciatrice de la bonne nouvelle de la résurrection de Jésus au moment où les autres apôtres sont en fuite. Je veux parler bien sûr de Marie-Madeleine, cette Madeleine qui sentait le soufre parce qu'elle était libre et lettrée – ce qui, dans la société patriarcale de son époque, revenait à être prostituée –, mais que Jésus avait accueilli pleinement, acceptant ses caresses et ses parfums au point de scandaliser Simon-Pierre dans une célèbre scène de l'Évangile. Des documents récents laissent penser qu'elle a été la femme de Jésus et même l'église catholique reconnaît qu'elle était au moins « sa compagne spirituelle » (Benoît XVI). Même chez des personnages réputés pour leur mysticisme, comme sainte Thérèse d'Avila, on retrouve ce lien entre érotisme et mysticisme. L'extraordinaire statue de Thérèse en extase réalisée par le Bernin à Rome, qui renvoie au tableau représentant une Marie-Madeleine en extase portée par deux anges, suffit à nous en convaincre.

On comprend bien que cette fusion de l'énergie sexuelle et de l'énergie spirituelle, plus particulièrement portée par des femmes [1], a un fort degré subversif à l'égard de tout pouvoir, qu'il soit politique ou ecclésial. L'Ancien et le Nouveau Testament regorgent de ces conflits entre la parole prophétique et la démarche captatrice d'une partie des clergés et des princes.

Or, le phénomène religieux, au sens sociologique du terme, conduit souvent à des interprétations hybrides, mêlant l'approche sacrificielle et l'approche

1. Audrey Fella, *Les Femmes mystiques. Histoire et dictionnaire*, Bouquins, 2013.

spirituelle. Par exemple, le sacrifice interrompu d'Isaac n'est pas compris comme la révélation spirituelle que Dieu n'attend pas de nous des sacrifices. Il est interprété comme une épreuve d'obéissance envers un Dieu satisfait de voir qu'Abraham était prêt à sacrifier son fils. Le Cantique des cantiques est accepté de justesse dans les textes canoniques, mais il est dépouillé de sa force érotique et amoureuse pour devenir une mise en scène puritaine du couple formé par le Christ et l'Église. Et Myriam de Magdala, impossible à gommer tant elle est présente dans l'Évangile, d'autant plus que c'est elle qui annonce la Résurrection, verra son rôle déformé et déprécié par la tradition catholique, de manière à minimiser son rapport privilégié avec Yeshoua…

Or, nous sommes de nouveau entrés dans une période de mutation spirituelle qui succède au Yalta entre matérialisme temporel et monopole du spirituel reconnus aux grands faits religieux. Il y a dès lors une contradiction beaucoup plus perceptible désormais entre ce que l'on peut appeler, avec Arnaud Desjardins, le « matérialisme religieux », entendu comme instrumentalisation de l'accès au divin, et une quête spirituelle dans laquelle la redécouverte du « féminin de Dieu » joue un rôle essentiel. Et ce changement de posture face à la captation du sens et aux formes idolâtres se retrouve dans le changement de posture économique à l'égard de la richesse ou politique à l'égard du pouvoir. C'est vrai aussi dans l'ordre des relations amoureuses, puisque l'art d'aimer ne s'exprime pas par la possession, mais par la pleine reconnaissance de l'autre, de sa singularité et de son mystère.

Le temps ne serait-il pas alors venu, face aux messagers de malheur, d'annoncer les bonnes nouvelles de l'amour réunifié, du pouvoir créateur, de l'économie solidaire et de la spiritualité ressourcée aux messages de vie des traditions prophétiques ?

Quel est cet espace public porteur de sens et de reconnaissance qu'il nous faut mettre en œuvre ? N'est-ce pas justement celui de la fraternité, qui constitue un « sacré partageable », pour reprendre l'expression qu'Abdennour Bidar et moi avons proposée dans une tribune commune pour appeler les citoyens à se rassembler le 11 mars 2015 autour du projet « Faites de la fraternité[1] ! » Oui, c'est la fraternité qui donne son sens au « vivre ensemble », c'est la fraternité qui permet à chacun de trouver sa place, c'est la fraternité qui permet que les potentialités créatrices et les métiers – au sens de projet de vie – de chacun soient reconnus. C'est que nous verrons dans le chapitre consacré au lien entre fraternité et nouveau pacte social.

Mais pour l'heure, il nous faut oser lier la fraternité à l'énergie amoureuse, cette énergie par excellence

1. Voir le texte de cette tribune en annexe.

qui donne de la chaleur aux rapports humains, cette énergie de vie que les Grecs nommaient *eros* et les Latins *valor*. Oui, il nous faut ouvrir les voies d'une «érotique fraternelle»!

Pour une érotique fraternelle !

Il fait trop froid en Occident. Repartons de cette remarque très juste d'Abdennour Bidar dans son *Plaidoyer pour la fraternité*[1]. Et c'est parce que nos rapports à autrui et à nous-mêmes sont trop froids que notre rapport à la nature finit par être trop chaud. Nous réchauffons la planète pour compenser la froideur de la compétition obsessionnelle qui transforme en champs de bataille l'économie et la politique. Cette obsession est d'ailleurs amplifiée par des médias qui, partant du principe selon lequel les gens heureux n'ont pas d'histoire, ne s'intéressent qu'à la rivalité et au mal-être.

Chacun sait bien que s'il est seul dans un appartement, il va devoir le chauffer davantage que s'il y habite avec

1. Abdennour Bidar, *Plaidoyer pour la fraternité, op. cit.*

d'autres. Chacun sait aussi qu'il aura d'autant plus le sentiment d'avoir froid s'il est dépressif. Notre surconsommation énergétique a bien sûr d'autres causes : le manque d'isolation des bâtiments, l'utilisation excessive de l'automobile, la croissance trop forte du transport aérien, etc. Mais même ces causes, apparemment sans rapport avec notre climatologie émotionnelle et relationnelle, sont moins éloignées d'elle qu'il y paraît. Le covoiturage, par exemple, est évidemment moins consommateur d'énergie et de dégagement de gaz à effet de serre que l'usage individuel de l'automobile. On éprouverait moins le besoin de prendre l'avion si le désir de divertissement au loin pour compenser la grisaille du quotidien et l'attrait des pays « chauds » étaient moins forts. Et même pour aller loin, d'autres modes de transport sont moins coûteux en énergie : le train, le bateau, le dirigeable qui redevient un transport d'avenir et qui est désormais sûr, etc.

Encore faut-il se libérer de l'addiction à la vitesse qui, avec la dureté, caractérise le modèle économique dominant, en apprenant à ralentir, en refusant ce que le mouvement ouvrier avait nommé les « cadences infernales » qui, aujourd'hui, ne sont plus réservées à l'usine, mais empoisonnent notre espace privé.

Nous avons donc besoin de mener conjointement la lutte contre le dérèglement climatique extérieur, le réchauffement, et la lutte contre le dérèglement intérieur, le refroidissement glaçant du climat émotionnel et relationnel. La fraternité est bien sûr au cœur de ce second axe. Mais elle ne trouvera sa pleine puissance énergétique que si elle est liée à une progression dans l'art d'aimer. Reprenons la phrase de Luther King : « Il nous faut apprendre à nous aimer comme des frères ou nous préparer à périr comme des imbéciles. »

Apprendre : le mot est important, associé à celui d'amour et de fraternité. Car si le *frater* est un donné originel qui renvoie à la réalité du genre humain, l'esprit de fraternité, lui, relève de la volonté. L'article Ier de la Déclaration des droits de l'homme dit ainsi : « Ils [...] doivent agir les uns envers les autres dans un esprit de fraternité. » S'engager dans cette voie vers la fraternité demande un apprentissage et une énergie qui est précisément celle de l'amour.

L'apprentissage passe par des méthodes (*meta odos* en grec, c'est le chemin qui va au loin) qui permettent aux groupes et aux individus de résister à la violence ou au moins de s'en protéger, de transformer la violence en conflit, de favoriser la construction de désaccords féconds plutôt que de malentendus destructeurs qui font naître soupçons et procès d'intention.

La boîte à outils dans ce domaine est très riche mais elle n'est pas toujours bien connue et gagnerait à être mutualisée largement : des formations à la communication et à l'action non violente, à la construction de désaccords, à ce que Charles Rojzman nomme la « thérapie sociale[1] », mériteraient d'être enseignées dans les écoles de la République associé aux mouvements d'éducation populaire.

Progresser dans la réduction de la violence ne suffit pas. Il faut simultanément jouer sur l'énergie positive par excellence que constitue la capacité des êtres humains à éprouver de la joie, et non de la peur, au contact des autres. Rien ne vaut un repas de quartier avec des cuisines du monde entier pour faire oublier la peur de l'autre. Découvrir, grâce à la cuisine, des goûts, des saveurs, des recettes venant de cultures étrangères suscite la curiosité et l'envie d'approfondir sa connaissance de l'autre et de sa culture. J'ai vu des sympathisants du Front national et des personnes d'origine maghrébine découvrir leurs plats préférés, apprendre à comprendre et à respecter les choix alimentaires de l'autre. Et faire la paix.

Dans le même esprit, la danse, la musique et le chant sont des vecteurs privilégiés pour développer les sentiments de sympathie et d'empathie. Lors des « flashmobs » (« foule éclair » ou « mobilisation éclair »), qui, grâce à Internet, bénéficient d'un fort pouvoir de transmission, des gens qui ne se connaissent pas se rassemblent dans

1. Charles Rojzman, *Bien vivre avec les autres. Une nouvelle approche : la thérapie sociale*, Paris, Larousse, « L'univers psychologique », 2009. Voir aussi les travaux de psychologie positive de Jacques Lecomte dans *La Bonté humaine*, Odile Jacob, 2012.

des lieux publics et se dispersent aussitôt que l'action convenue d'avance a été exécutée. Par exemple, le lancement d'une danse ou d'une musique populaire par un petit groupe conduit des centaines de personnes à « entrer dans la danse » au sens propre comme au sens figuré. Des « flashmobs » à l'occasion desquelles le sirtaki est dansé sur de nombreuses places publiques européennes contribuent à développer la solidarité avec le peuple grec plus efficacement que beaucoup de discours militants.

J'ai participé, avec plusieurs amis venus des autres coins du monde à un séminaire organisé par le réseau « Dialogues en humanité », aux grandes marches du 11 janvier. Nous avons lancé dans la manifestation une « Marseillaise » pacifique et fraternelle qui a été fortement reprise tant les participants éprouvaient le besoin de la chanter avec des paroles non guerrières… Publiée sur Facebook, cette « Marseillaise » a suscité d'autres initiatives convergentes. Les internautes ont notamment rappelé deux autres « Marseillaise » pacifiques que nous devons à Graeme Allwright et à Pierre Weil. Du coup, nous en avons composé une troisième qui reprend des éléments forts de l'une et l'autre tout en introduisant des aspects nouveaux qui nous tenaient à cœur, comme la dimension écologique. C'est cette « Marseillaise »[1] que

1. Voir les paroles en annexe.

nous avons chantée plusieurs fois lors de rassemblements symboliques les 11 du mois à Paris.

Cette énergie positive et créatrice de l'amour sous toutes ses formes, l'amitié et la tendresse, l'amour des amants ou des enfants, l'amour érotique ou mystique, mérite qu'on progresse dans l'art d'aimer. J'ai développé dans *La Cause humaine*[1] le thème de l'ABS qui recouvre l'aspiration fondamentale des humains à l'amour, au bonheur et au sens. J'y montre que nous en avons en fait une vision sinistre bien exprimée par nombre d'expressions populaires : on identifie l'amour à la chute (tomber amoureux, tomber enceinte...), le bonheur, à l'ennui (les peuples heureux n'ont pas d'histoire) et le sens, à la guerre (les guerres du sens que sont en particulier les guerres de religion).

On comprend, dans ces conditions, que la « société de marché », comme le dit Karl Polanyi, le « fondamentalisme marchand », pour reprendre l'expression de Joseph Stiglitz, qu'utilisait aussi Bernard Maris, a un fort pouvoir de « divertissement » pour compenser ce rapport tragique à l'essentiel. Mieux vaut un rapport aux objets, aux techniques, aux marchandises si, décidément, le rapport aux humains s'avère aussi difficile. Comme le note Günther Anders dans *L'Obsolescence de l'homme*, « c'est ainsi que l'homme préfère la chose fabriquée au

1. Patrick Viveret, *La Cause humaine, op. cit.*

fabricant, en accordant à la chose fabriquée un degré d'être supérieur[1] ».

Le système fonctionne parce que, sous les démarches intéressées, la pression des lobbys, la corruption des médias ou des politiques par l'oligarchie financière, tous éléments bien réels, il y a ce terreau consentant, cette « servitude volontaire ». Des milliards d'êtres humains acceptent plus ou moins consciemment cette domination. parce que leur énergie de vie se tourne d'autant moins vers l'essentiel qu'ils ont peur que cet essentiel par excellence qu'est la recherche de l'amour, du bonheur et du sens soit la cause principale de leurs souffrances. Il n'y a pas d'autre riposte à la logique de la marchandisation que celle du fondamentalisme identitaire tant que l'on n'éprouve pas soi-même et collectivement que cette vision noire ne constitue en rien une fatalité : il est possible de s'élever en qualité d'amour, de vivre à la bonne heure, c'est-à-dire avec intensité et pleine présence l'aventure de la vie; la pluralité des traditions de sens peut être une chance pour l'humanité dès lors que ce sens n'exclue pas le sens des autres.

Encore faut-il que le rapport à l'amour, le plus difficile des trois aspirations, soit véritablement retravaillé. Notre

1. Günther Anders, *L'Obsolescence de l'homme. Sur l'âme à l'époque de la deuxième révolution industrielle. 1956*, Ivrea / Éditions de l'Encyclopédie des nuisances, 2002.

art d'aimer est encore bien pauvre, même s'il a progressé fortement au dernier siècle avec ce que Luc Ferry nomme la « révolution de l'amour[1] ». Mais pour progresser à la hauteur des rendez-vous critiques de l'humanité avec elle-même, pour reprendre une expression forte des Dialogues en humanité, il est vital de sortir de ce que Jean-Claude Kaufmann nomme la « guerre des deux amours[2] ».

Que recouvre cette étonnante expression ?

On doit à ce sociologue une thèse très intéressante sur les raisons pour lesquelles des individus considérés comme de purs calculateurs rationnels ont pu imposer au cœur de la civilisation occidentale la pensée gouvernée par l'intérêt purement économique qui a conduit à son épuisement actuel.

Le livre décrit comment la confrontation entre deux types d'amour a neutralisé leur capacité à guider le monde. Cet affrontement, entre, d'un côté, l'amour chargé d'énergie érotique mais incapable de dépasser la sphère de la vie privée et de la singularité, de l'autre, l'amour à vocation universelle, comme celui que proposent par exemple le christianisme ou la morale humaniste, souvent désincarnée et plus encore désérotisée, ce qui lui fait perdre une grande partie de son énergie, a créé un vide. Or, il fallait bien fonder le lien social. C'est

1. Luc Ferry, *La Révolution de l'amour*, Plon, 2010.

2. Jean-Claude Kaufmann, *L'étrange histoire de l'amour heureux*, Armad Colin, 2009.

alors l'intérêt, dont Albert Hirschman a montré, dans *Les Passions et les Intérêts*[1], comment il été inventé, qui a occupé ce vide que la raison des Lumières n'a pas suffi à combler.

Mais nous sommes au bout de ce cycle car le simple calcul individuel et égoïste s'avère trop pauvre pour fonder la vie sociale. La pauvreté relationnelle et spirituelle de l'écoligion ne permet pas de répondre à deux besoins anthropologiques fondamentaux des humains, qu'ils soient considérés individuellement ou collectivement : la recherche de sens et la demande de reconnaissance. Pour les vaincus de la compétition économique, et, au-delà, pour tous ceux, n'en déplaise à Emmanuel Macron, qui n'ont ni les moyens ni même l'envie de devenir milliardaires, l'économie n'est qu'un moyen, pas une fin, et ne porte en elle-même aucun sens. Elle est à la rigueur un espace de reconnaissance, à la condition de n'exclure ni les millions de chômeurs, ni ceux qui ne peuvent s'épanouir dans un travail qui ne leur procure ni épanouissement ni relations sociales riches.

C'est face à cet échec de l'*homo économicus* qu'il nous faut nous poser à nouveau, avec Jean-Claude Kaufmann, la question d'un retour de l'amour comme énergie fondatrice

1. Albert Hirschman, *Les Passions et les Intérêts. Justifications politiques du capitalisme avant son apogée*, Puf, 2014.

du lien social. C'est d'ailleurs la thèse défendue par Jeremy Rifkin dans son livre sur la « civilisation de l'empathie [1] ». Mais cette perspective suppose une énergétique de l'amour et pas seulement une éthique. Or, la réunification de l'énergie amoureuse qui devient alors indispensable n'est possible que si l'art d'aimer invente une autre perspective que l'amour comme chute.

Apprendre à s'élever en amour et ne plus être condamné à « tomber » en amour, tel est le défi. Défi érotique, défi éthique, mais aussi défi spirituel, car cela passe par les retrouvailles de grandes traditions de sagesse ou de spiritualité avec un eros qui souvent leur fait peur, comme l'a montré Jacqueline Kelen dans *Un chemin d'ambroisie*[2].

La sexualité, loin d'être du côté du péché, du côté du *diabolein*, « ce qui divise », en grec, est du côté du *symbolein*, « ce qui unit ». Elle unit à l'autre, bien sûr, mais aussi à une dimension cosmique. Elle peut être alors le vecteur privilégié d'accès au mystère de l'univers, à ce que les croyants appellent le divin. C'est ce que montrent les grandes traditions spirituelles quand elles reviennent à leur source vive pour retrouver la dimension supérieure de la jouissance, l'au-delà possible de l'orgasme, l'état d'extase. L'extase accomplit en quelque sorte la promesse

1. Jeremy Rifkin, *Une nouvelle conscience pour un monde en crise. Vers une civilisation de l'empathie*, Les Liens qui libèrent, 2011.
2. Jacqueline Kelen, *Un chemin d'ambroisie*, *op. cit.*

de l'orgasme en assurant dans le temps, et pas seulement dans l'instant, la réunification profonde du rapport à l'autre, à soi, à l'univers et au temps que nous rencontrons dans la recherche du *buen vivir*, du « bien vivre ».

C'est dans le rapport sexuel que l'on peut lire le mieux les contradictions qui expriment l'essence de l'être humain. La manifestation harmonique de l'humanité, c'est le « oui... oui ! » de la jouissance partagée, jouissance qui peut même devenir cet état extatique dont parlent les mystiques. C'est alors la réunification radicale des quatre relations à autrui, à l'univers, à soi et au temps. Mais ce n'est possible qu'avec une personne que l'on aime profondément. Si ce n'est pas le cas, le plaisir est partagé, mais chacun reste fondamentalement extérieur à l'autre ; et on le voit notamment dans le fait qu'après le rapport sexuel il y a beaucoup plus de tendresse lorsque la sexualité est inscrite pleinement dans un rapport amoureux.

Au « oui... oui ! » de l'amour partagé s'oppose le « non... non ! » terrible du viol. La sexualité est alors vécue comme une violence sacrilège : c'est la profanation de l'espace sacré du corps d'autrui.

Ce rapport du sacré et du profane peut nous aider aussi à comprendre trois figures de croyance qui ont longtemps structuré l'imaginaire de l'au-delà dans la civilisation chrétienne : l'enfer, du purgatoire et du paradis. Le paradis est justement l'accès à cet état extatique de pleine réunification à soi, à autrui, à l'univers et au temps qui donne ce sentiment d'éternité. C'est le « Ô temps ! Suspends ton vol » du poète. Le purgatoire est la vision fugace de cet état, par exemple dans l'orgasme ; cet état ne réussit pas à se prolonger, chacun revenant ensuite à sa singularité et à sa quotidienneté. Ce n'est pas la profanation, mais c'est la vie profane, celle qui ne sait pas, pour reprendre l'expression d'Abdennour Bidar, « sacraliser le quotidien »... Et puis, il y a l'enfer, l'opposé de la réunification harmonique, la sensation d'être coupé d'autrui, de l'univers, de soi-même et de ne pas vivre à la bonne heure, car on n'est pas dans son axe de vie.

Oui, notre famille humaine, notre fratrie, joue l'essentiel de son devenir, de sa capacité à se perdre ou au contraire, en se sauvant, de grandir en humanité, dans sa capacité à progresser dans son art d'aimer et de construire une humanité plus conviviale dans ce qu'Alain Caillé nomme sa qualité d aimance.

Le devenir de notre famille humaine, sa perte ou son salut, se jouera sur l'aptitude de de notre fratrie à enrichir son art d'aimer et son humanité, pour construire une humanité plus conviviale en développant ce qu'Alain Caillé nomme l'« aimance », c'est-à-dire l'intérêt pour soi et l'intérêt pour autrui.

Fraternité et mondialité

Puisque le *frater* est l'ensemble de la famille humaine, et que notre espèce a la chance de vivre sur cette (toujours?) magnifique planète bleue qu'est la Terre, l'un des enjeux majeurs du XXe siècle est de permettre à cette famille éclatée de se constituer en véritable « peuple de la terre ». Cela suppose de penser la mondialité, de cesser de la confondre avec la globalisation financière, et d'ouvrir les pistes, notamment juridiques, qui permettraient l'avènement d'une société civique (et pas seulement civile) à l'échelon mondial et l'instauration de la citoyenneté terrienne. Le réseau international Dialogues en humanité[1] a défendu cette ambition lors du forum social mondial de Tunis en mars 2015, dans sa communication intitulée « Oser la citoyenneté terrienne »

1. http://dialoguesenhumanite.org

Oser la citoyenneté terrienne

La question du climat comme bien commun de l'humanité tout comme les réactions aux attentats du 7 janvier en France qui ont débouché sur des manifestations citoyennes dans le monde entier posent de plus en plus la question de l'émergence d'un mouvement citoyen mondial. Ce mouvement, ancré dans les territoires, respectueux des diversités culturelles et populaires, est en résistance contre les formes de la globalisation financière du capitalisme. Mais il pose aussi l'enjeu de ce qu'Édouard Glissant nomme la « mondialité ». C'est le devenir du « peuple de la terre », qui est aujourd'hui menacé, et il nous faut prendre les moyens, notamment sur le terrain du droit, d'avancer dans la direction de cette citoyenneté terrienne.

Penser la mondialité, comme je l'ai proposé [1], en résonance avec l'approche d'Édouard Glissant ou aux propos d'Edgar Morin sur la double face de la mondialisation, c'est d'abord construire un antidote à la globalisation financière, laquelle ne s'intéresse qu'à la circulation globale des capitaux et se désintéresse de toutes les véritables questions mondiales sur lesquelles l'humanité joue son destin :

1. Patrick Viveret, *La Cause humaine, op. cit.*

– les enjeux écologiques du dérèglement climatique, des atteintes majeures à la biodiversité, des grandes pollutions ; ce sont des défis considérables qui supposent des politiques publiques et des investissements mondiaux. Or, la vision à trois mois du capitalisme financier lui dissimule tout enjeu à moyen et long terme ;

– les enjeux sociaux de la fracture mondiale due à la captation massive de richesses par l'oligarchie financière et au creusement des inégalités de revenu et de patrimoine ; on connaît la statistique atterrante selon laquelle en 2014 la fortune de 67 personnes était égale au revenu de 3,5 milliards d'êtres humains !

– les enjeux migratoires : cette fracture conduit mécaniquement les vaincus de la compétition mondiale à trouver refuge dans les pays considérés comme plus riches.

– les enjeux démocratiques : cette même fracture en déclassant les classes moyennes favorise toutes les formes de repli identitaire ce qui, comme dans les années trente, peut conduire à l'effondrement de la démocratie dans plusieurs pays ;

– des enjeux culturels : la globalisation financière, en détruisant la substance des liens sociaux et culturels, fait le lit des fondamentalismes et génère une guerre de civilisation ;

– les enjeux militaires : nous vivons toujours sur un stock d'armes de destruction massive, principalement nucléaires, qui peuvent conduire très sûrement à notre destruction…

On pourrait énumérer bien d'autres enjeux, démographiques et sanitaires notamment, qui posent de véritables défis à l'ensemble de la communauté terrienne ; pourtant, les acteurs de l'oligarchie financière, au mieux, ignorent ces dangers, au pire les aggravent : la course aux profits est une des causes majeures des fractures écologiques, sociales et culturelles mondiales.

Penser et vivre pleinement la mondialité, c'est donc au contraire construire une réponse mondiale à ces défis. C'est ce que, depuis la fin du XXe siècle, font de plus en plus de nombreuses organisations de la société civile, dans différents domaines :

– écologie : les associations internationales Green Peace, WWF, Les Amis de la Terre, Les Villes en Transition ; les associations françaises Collectif pour une transition citoyenne et Alternatiba ;
– société et solidarité internationale : Oxfam, Caritas international (dont la branche française est le Secours catholique), CCFD terre-solidaire, la Cimade ;
– nouvelle approche de la richesse, de la monnaie et de la finance solidaire : Attac international, Finance Watch (plateforme contre les paradis fiscaux), banques communautaires brésiliennes, monnaies locales en Europe,

Forum pour d'autres indicateurs de richesse en France et en Belgique, Mouvement pour une monnaie solidaire mondiale ;
– humanitaire : Amnesty International, Human Rights, Association chrétienne contre la torture ;
– santé : Croix rouge internationale et Croissant rouge international, Médecins du monde, Médecins sans frontières ;
– reliance et de invention démocratique : forums sociaux mondiaux continentaux, nationaux et locaux et mouvements comme les Villes en Transition
– culture : Dialogues en humanité œuvre à définir un processus de substitution à l'engrenage des guerres de civilisations.

Ces initiatives, dont la liste n'est pas exhaustive, sont de plus en plus créatives, leurs actions sont de plus en plus visibles. Elles développent leur reliance et leur capacité d'alliance avec des acteurs institutionnels ou entrepreneuriaux qui partagent le sentiment que le système de pensée dominant actuel de l'oligarchie financière nous fait courir des risques de chaos écologique, social, financier et militaire de plus en plus graves. C'est ainsi que, dans la lutte contre le dérèglement climatique, une alliance mondiale s'esquisse entre acteurs de la société civile et collectivités territoriales. Le sommet mondial des Territoires se tiendra à Lyon, début juillet 2015, juste avant les Dialogues en humanité, ce qui facilitera les passerelles et les alliances dynamiques.

Ce n'est que lorsque un dessein ambitieux sera défini, d'une part, et que, d'autre part, des leviers stratégiques permettant des progrès concrets seront mis en place que l'idée de la fraternité et de la citoyenneté mondiale pourra prospérer.

Deux initiatives convergentes quant au fond contribuent à appeler à faire vivre l'esprit de fraternité et à construire une citoyenneté terrienne. L'une a été inspirée par le Printemps arabe. Elle a été rédigée dans le cadre des rencontres internationales de Fès sur les sagesses du monde. Pour des raisons pratiques, elle n'a pu être adoptée formellement, mais les participants l'ont approuvée oralement. La seconde, elle, a été formellement adoptée. Elle a été proclamée à Porto Novo (Bénin) à l'occasion d'une session des Dialogues en humanité. [1]

Pour approfondir ce travail, il faut privilégier les terrains d'action définis par trois caractéristiques :

a) ils sont mondiaux, correspondent à des défis cruciaux et posent la question non seulement des biens communs de l'humanité (comme le climat) mais aussi de la capacité de l'humanité à se constituer elle-même comme bien commun.

1. Voir en annexe.

b) ils sont l'objet d'intenses activités, propositions et expérimentations de la société civile, dont la capacité à proposer des solutions à ces défis est souvent beaucoup plus avancée que celle des États et des multinationales.
c) ils peuvent faire l'objet d'alliances dynamiques, car l'opinion publique mondiale leur est très favorable et l'oligarchie financière est en situation de faiblesse pour s'opposer à leur progression.

C'est le cas du climat qui sera le thème de la conférence de Paris 2015 (COP 21 / CMP 11) . La forte mobilisation des citoyens sur ce sujet est propice aux alliances avec les territoire.

C'est le cas de la barbarie qui n'est pas une barbarie intrinsèque à tel ou tel groupe humain (alternative fraternité ou barbarie). Il s'agit de donner à l'article Ier de la Déclaration des droits de l'homme son plein sens en s'opposant aux logiques sécuritaires de type « guerre de civilisation ». C'est bien d'un mouvement mondial antiguerre dont nous avons besoin sur ce terrain.

C'est le cas aussi, et j'insisterai davantage sur ce troisième point, de la lutte mondiale contre l'évasion fiscale, qui constitue la meilleure riposte au fondamentalisme marchand de l'oligarchie financière et le meilleur antidote au fondamentalisme identitaire.

La lutte contre l'évasion fiscale

Les sommes en jeu sont considérables. L'ancien chef économiste de McKinsey évaluait les flux financiers transitant dans les paradis fiscaux dans une fourchette allant de 26 000 à 32 000 milliards de dollars soit le Pib cumulé des États Unis et de l'Union européenne, et même du Japon pour l'estimation haute ! Or l'oligarchie financière est en train de perdre la bataille de la légitimité des paradis fiscaux longtemps présentée par elle comme justifiée et doit reculer peu à peu même si son lobbying massif lui permet de retarder ou de réduire la pression des citoyens.

La situation en Europe est particulièrement significative. Le commissaire européen chargé des questions économiques et financières, pourtant issu d'une famille politique conservatrice (Michel Barnier), a reconnu que l'évasion fiscale annuelle représentait près de mille milliards d'euros. Le Parlement européen puis la Commission, pourtant dirigée par des forces conservatrices, ont été obligés, sous la pression des opinions publiques alertées par les initiatives de citoyens, d'envisager des mesures effectives de lutte contre l'évasion fiscale. Même le nouveau président de la Commission, ancien Premier ministre du paradis fiscal luxembourgeois doit, pour se dédouaner, s'engager dans cette direction.

Évidemment ces progrès restent relatifs et si la pression des citoyens se relâche, les lobbies financiers auront tôt fait de regagner le terrain perdu. Mais, dans le cas inverse, il y a là de vraies victoires partielles possibles. Chaque reculade de l'oligarchie financière serait une vraie victoire pour les forces civiques mondiales. Il serait dommage de ne pas utiliser de telles occasions.

Cela passe par des actions ludiques et populaires. Un très bon exemple en a été donné par la réquisition civique de chaises et de fauteuils dans une agence de la banque HSBC dont la presse venait de démontrer la responsabilité dans l'organisation d'une évasion fiscale massive. Le thème de l'action est alors simple : nous rendrons les sièges[1] lorsque la banque aura remboursé ces sommes ! Les banques aident les multinationales et les membres de l'oligarchie financière à délocaliser leurs avoirs dans les paradis fiscaux. Nous, citoyens, procédons à une relocalisation civique de ces sièges et les utilisons comme moyen d'échange dans la lutte contre l'évasion fiscale. L'alternative qui se présente à l'oligarchie financière est à la fois symbolique et forte : soit laisser faire et favoriser une démultiplication du mouvement, soit entamer des poursuites judiciaires et ouvrir alors la voie à la tenue de grands procès sur l'évasion fiscale ; or, ces procès peuvent jouer un grand rôle dans l'utilisation des leviers

1. Avec Edgar Morin nous avons d'ailleurs constitué une chaîne de solidarité en ce sens dont *Reporterre* à rendu compte de manière humoristique le 12 avril 2015 sous le titre : « Edgar Morin vole une chaise de 500 millions d'euros ! » http://www.reporterre.net/Edgar-Morin-a-vole-une-chaise-de

juridiques pour le combat de la société civique mondiale. Ces actions sont facilement reproductibles (des actions ciblant la BNP ont déjà eu lieu).

L'importance du levier juridique

Le levier juridique est en effet un outil qui peut s'avérer efficace dans plusieurs domaines :

- le climat et, plus largement, la reconnaissance de crimes écologiques (écocide), dans la lignée du sommet des Peuples de Rio ;
- la reconnaissance de crimes contre l'humanité (notion non réductibles aux seules attaques terroristes actuelles mais incluant par exemple l'utilisation de la torture par les États-Unis depuis l'administration Bush) ; dans cette perspective, le droit pour les citoyens de saisir la Cour pénale internationale pourrait être envisagé ; la recevabilité de la saisine par les citoyens serait déjà un premier enjeu et ouvrirait la voie, en cas de blocage, à la demande de création d'une Cour citoyenne internationale (ou plus précisément mondiale) ;
- la lutte contre l'évasion fiscale : le levier juridique permettrait d'anticiper, en cas de blocage, la mise en œuvre d'un début de fiscalité mondiale ; les citoyens seront invités à retrancher de leurs impôts nationaux concernant des activités dangereuses pour l'humanité (par exemple les ventes d'armes) une part attribuée à

un fonds mondial civique; ce fonds financerait la lutte contre le dérèglement climatique et des actions vitales telles que la lutte contre la faim et l'organisation de l'accès à l'eau potable et aux soins de base.

Une telle approche a aussi pour intérêt d'ouvrir un débat majeur sur la nature d'un droit mondial. Ce débat est aujourd'hui soit en jachère, soit instrumentalisé par les grandes multinationales et les marchés financiers qui cherchent à imposer leur logique commerciale, et ce, au détriment des droits politiques et sociaux (Traité de libre-échange transatlantique dit Tafta).

Le Collegium éthique, politique et scientifique, créé à l'origine par Stéphane Hessel et actuellement présidé par l'ancien Premier ministre français Michel Rocard, a adopté récemment une note rédigée par la juriste internationale Mireille Delmas-Marty concernant la question des biens communs de l'humanité, à commencer par le climat.

Extraits

Il nous faut parier sur la métamorphose de la souveraineté. C'est-à-dire proposer de penser la souveraineté autrement. Dans la conception traditionnelle, le droit international s'est construit sur le dogme de l'indépendance des États, donc de leur autonomie, ce qui supposerait une égalité entre États, alors que celle-ci paraît souvent fictive. Autrement dit, il s'agit d'une vision que j'appellerais « solitaire » de la souveraineté. L'État est seul, il n'a en charge que les intérêts nationaux. Il n'a pas en charge les intérêts du monde. Le problème c'est que du coup, personne n'est en charge de l'intérêt mondial.

C'est pourquoi je propose [...] de passer de la souveraineté solitaire à la souveraineté « solidaire ». Il me semble préférable d'utiliser ce nouveau concept, plutôt que celui de souveraineté « partagée » plus familier mais toujours un peu inquiétant pour les États (quand on partage un gâteau, la part de chacun est plus petite). En revanche si on parle de souveraineté solidaire, on ne retranche rien, on ajoute quelque chose. L'idée sous-jacente est en effet que les États sont souverains pour défendre leurs intérêts nationaux, certes, mais aussi pour défendre l'intérêt commun de l'humanité. Par une sorte d'élargissement de leur compétence, les États doivent participer à cette souveraineté solidaire.

Encore faut-il souligner le fait que l'on ne va pas supprimer la souveraineté dans sa vision traditionnelle du jour au lendemain : le dogme est seulement ébranlé, mais il y a de fortes résistances et la métamorphose sera lente.

L'ébranlement du dogme de la souveraineté des États

Plus précisément, le dogme de la souveraineté est ébranlé par deux phénomènes.

D'une part les *interdépendances*, observables dans les pratiques et plus particulièrement à propos des risques : que ce soit le risque environnemental, le risque sanitaire, nucléaire, ou d'autres risques encore, la globalisation des risques menace la souveraineté des États parce qu'elle renforce les interdépendances (voir la Déclaration du *Collegium*). Même l'État le plus puissant du monde ne peut faire face tout seul au risque, climatique par exemple. Qu'on le veuille ou non, les interdépendances liées à la globalisation des risques ébranlent la souveraineté.

D'autre part l'ébranlement vient aussi d'un autre phénomène *qui est l'universalisation des valeurs*, observable avec l'apparition des Droits de l'homme et de la Justice pénale internationale, ou encore avec l'émergence des Biens publics mondiaux. Ainsi le climat, pour reprendre cet exemple, car il est au cœur de notre débat, est un bien public mondial, au sens que les économistes donnent à ce mot, c'est-à-dire un bien qui n'est pas appropriable et qui n'est pas rival. Mon usage n'empêche pas mon voisin de bénéficier aussi de ses bienfaits.

Dans un cas comme dans l'autre, le dogme de la souveraineté des États est ébranlé au profit de ce que l'on pourrait nommer *le bien commun de l'humanité*, mais le dogme résiste, invoqué notamment par les grandes puissances.

Les résistances des grandes puissances

De ce point de vue, il est intéressant de comparer, en droit de l'environnement, ce qui s'est passé pour la couche d'ozone et ce qui se passe pour les émissions de gaz à effet de serre. Pour la couche d'ozone, le droit international (le protocole de Montréal, qui date de 1987), est respecté y compris par les États-Unis. Ils le respectent parce que le coût est négligeable et parce qu'au fond, l'intérêt américain coïncide avec le bien public mondial, avec l'intérêt commun de l'humanité. En revanche, dans le cas des gaz à effet de serre, le coût est beaucoup plus élevé. Du coup, il y a une résistance forte des États-Unis. Il n'est pourtant pas logique, du point de vue de la gouvernance mondiale, d'appliquer le droit international dans le domaine de la couche d'ozone et de ne pas l'appliquer dans le domaine des gaz à effet de serre. Mais il peut sembler logique, du point de vue interne, de défendre l'intérêt national et pas l'intérêt mondial. Au moins à court terme car le nouveau rapport *Risky Business* (commandé par Henry Paulson,

Tom Steyer et Michel Blumberg, et rendu public fin juin 2014, *Le Monde* 23 juillet) montre les effets prévisibles du réchauffement sur l'économie des États-Unis.

Ce premier exemple des contradictions de la politique des États-Unis, au regard du bien commun de l'humanité, s'inscrit dans un ensemble qui pèse de plus en plus lourd sur les dérives de la gouvernance du monde. À cet égard il est intéressant de faire un détour afin de rappeler ce que la Cour suprême des États-Unis a jugé en 2013, dans une affaire *Kiobel* concernant une multinationale qui avait commis des violations graves des droits de l'homme dans le cadre de l'exploitation pétrolière au Nigeria. Cette multinationale était poursuivie devant les juridictions fédérales américaines sur la base d'un vieux texte de 1789, *l'Alien tort Act*, qui permet aux juridictions américaines de poursuivre les violations graves des Droits de l'Homme, y compris quand elles sont commises à l'étranger, par des étrangers sur des victimes étrangères. Ce texte avait été adopté en 1789 parce qu'à l'époque, les États-Unis, nouveaux venus sur la scène internationale, voulaient convaincre la communauté des États du fait qu'ils étaient solidaires – c'était bien l'idée d'une souveraineté solidaire – pour combattre les «ennemis du genre humain», selon l'expression qu'on employait alors.

Les «ennemis du genre humain» à l'époque, c'était qui ? Principalement les pirates en haute mer. En adoptant ce texte, les États-Unis marquaient en 1789 leur bonne volonté pour participer à la lutte mondiale pour protéger le genre humain. Aujourd'hui, en soulevant la question de savoir si ce vieux texte est applicable aux entreprises transnationales qui contribuent à des violations graves des droits de l'homme, cette affaire *Kiobel* appelle à déterminer qui sont les pirates du XXIe siècle.

Qui sont les pirates du XXIe siècle ? Qui sont, non les ennemis du genre humain, mais ses adversaires, puisque j'ai montré plus haut qu'il fallait abandonner la logique de guerre avec l'ennemi (que l'on cherche à éradiquer) pour développer celle d'un conflit (autant que possible non violent) avec des adversaires ? Telle est bien en effet la question centrale qu'un droit citoyen mondial doit poser. Quels actes, quelles situations ont pour effet de détruire les biens communs de l'humanité (écologiques, culturels) ou de menacer l'humanité elle-même ?

Si l'on se place dans cette perspective, on comprend bien que les actes de piraterie concerneront non seulement les actions de Daesh ou Boko Aram mais aussi nombre d'actes écologiques ou sociaux perpétrés par des États ou des acteurs de l'oligarchie financière. On comprend aussi que la marche vers un véritable droit mondial construit sur la notion de biens communs de l'humanité ira de pair avec l'émergence d'une citoyenneté mondiale, de la reconnaissance que tout être humain a des droits (et des devoirs) en tant que citoyen de la terre. Selon l'objection classique à toute dissociation de la citoyenneté et de la nationalité, la citoyenneté n'est possible que si elle est associée à un peuple. En pratique, cette objection ne résiste pas ni à l'émergence de citoyennetés supranationales (citoyenneté européenne) ni aux revendications de citoyenneté infranationale (citoyennetés basque, corse, catalane, écossaise, etc.).

Mais, fondamentalement, on peut défendre l'idée qu'il existe un seul « peuple de la terre », composé, certes, d'une grande pluralité de peuples, mais unique en son genre puisque constituant justement le *frater*, le genre humain. Le peuple de la terre est unique, simple à caractériser (par rapport à un peuple européen), puisque tout être humain en fait partie. Son territoire est lui aussi simple à définir puisque c'est la terre elle-même. Si donc il y a peuple de la terre, il y a des citoyens de la terre et aucune institution n'est légitime si elle ne respecte pas leurs droits. Pour les mêmes raisons, tout citoyen de la terre et toute communauté politique constituant un sous-ensemble de ce peuple de la terre ont aussi des devoirs envers la planète, dont il doit assurer la préservation, et envers le *frater*, dont la destruction signerait aussi sa propre disparition.

Il s'agit là évidemment d'une véritable métamorphose, à la fois juridique et politique. Mais cette métamorphose, pour ambitieuse qu'elle soit, n'est pas hors de portée. Elle est possible du fait de l'émergence, en particulier dans les jeunes générations, d'une conscience mondiale : la génération Y pense et vit la mondialité, ne serait-ce que grâce aux réseaux sociaux de communication. La mondialité est aussi de plus en plus nécessaire, puisque la poursuite de la globalisation financière, destructrice de biens communs mondiaux, provoque des fractures de plus en plus graves.

Pleine humanité ou posthumanité ?

Il nous faut enfin évoquer un défi majeur auquel notre *frater* sera de plus en plus confronté : la mutation de sa propre espèce. La question écologique nous confronte à la question radicale : qu'allons-nous faire de notre planète ? De même, la conjonction de la mutation informationnelle (« révolution numérique » est un terme trop pauvre à mon sens) et de la révolution du vivant pose de plus en plus la question : qu'allons-nous faire de notre espèce ?

Bien au-delà du seul problème du clonage, ce sont en effet des fondamentaux de notre humanité qui sont en jeu dans le transhumanisme ou la « posthumanité », auxquels des entreprises comme Google consacrent désormais des investissements colossaux. Certes, une partie des projets défendus peut s'inscrire dans une démarche positive, en particulier la recherche de propriétés exceptionnelles des cellules-souches capables de reconstituer complètement des organes déficients.

Mais le projet dans son ensemble vise aussi à transformer radicalement les conditions de la naissance, à libérer l'homme de la reproduction sexuée, de la mort même[1]. Il ambitionne de créer une race de surhommes (avec notamment un cerveau aux potentialités démultipliées, branché sur des bases de données mondiales, et ainsi presque omniscient). Dominée par cette minorité servie par des robots androïdes, la majorité de l'humanité actuelle risquerait d'être vouée à une « sous-vie » ou à devenir également un vivier de domestiques pour une oligarchie mondiale qui ne se contenterait pas alors d'exercer un pouvoir financier.

Il n'est pas possible ici de développer plus avant les enjeux de ce défi, mais retenons que nombre d'acteurs de l'oligarchie financière, à commencer par la direction de Google sont fascinés par cette perspective. Le Big Data, la maîtrise de toutes les données, y compris personnelles, est évidemment une pièce importante de ce projet et ce

1. Voir sur ce point les travaux du philosophe Jean-Michel Besnier, *L'homme simplifié : le syndrome de la touche étoile*, Fayard, 2012. Ainsi que le livre de Geneviève Ferone et Jean-Dider Vincent, *Bienvenue en Transhumanie*, Grasset, 2011.

n'est pas par hasard si le patron de Google a pu déclarer que la « vie privée était une anomalie provisoire » !

Ne devons-nous pas, en réalité, faire un choix capital entre deux voies ? La voie, éthiquement et socialement contestable du transhumanisme nous invite, ou plutôt invite une infime minorité d'entre nous, à réaliser des rêves de surhumanité dont on ne sait aujourd'hui s'ils ne sont pas davantage des cauchemars ou des délires que des rêves. À l'inverse, la *capability approach*, dans la lignée des travaux d'Amartya Sen, cherche à ce que tout être humain réalise pleinement ses potentialités créatrices, ce qui passe par la sortie de l'état de « sous-humanité » plutôt que par le fantasme d'une surhumanité. La lutte mondiale pour l'accès à une eau potable, un air respirable, une nourriture saine, un logement décent, une éducation de base fait partie de ces objectifs du millénaire des Nations unies que le Rapport mondial sur le développement humain met chaque année en perspective. Plutôt que la fascination des robots n'est-il pas temps de s'intéresser à la formidable part d'intelligence créative de chaque être humain sous utilisée aujourd'hui. Il nous faut en finir avec ce formidable gâchis humain que dénonçait en son temps Antoine de Saint-Exupéry, tourmenté par « Mozart assassiné ».

Franchir une étape qualitative vers plus d'humanité, plutôt que de se diriger vers une posthumanité ou une transhumanité, exige une approche radicalement renouvelée de la notion de métier. Il faut entendre le terme de « métier » au sens originel de projet de vie et non de simple activité rémunérée. C'est l'enjeu d'un nouveau pacte social dont la fraternité peut être le cœur.

La fraternité au cœur d'un nouveau pacte social

Le pacte social actuel issu de l'après-guerre a été nourri par la nécessité de reconstruire l'activité économique et de mobiliser les partenaires sociaux au service de ce développement dont il s'agissait de partager ensuite les bénéfices. Ce pacte s'est fondé, d'une part, sur des outils statistiques économiques et monétaires au service de la logique productiviste et, d'autre part, sur des institutions cohérentes avec cette logique : l'Insee et le commissariat au Plan, outils de prospective et de planification économique, organisant des compromis sociaux importants entre l'État industrialiste, le patronat et le mouvement syndical.

Ce qu'on peut appeler la partie visible de ce pacte et les outils de politique publique de sa mise en œuvre sont aujourd'hui gravement en porte-à-faux avec les importantes mutations que nous vivons. Cette inadéquation fonde la nécessité d'anticiper un nouveau pacte social (incluant la dimension écologique) si nous voulons éviter de voir s'aggraver les dangers qui menacent la substance même du « vivre ensemble » et la forme politique démocratique de nos sociétés.

Mais il est intéressant de montrer que cette approche, si elle renouvelle et modifie profondément la part visible du pacte social actuel, renoue avec ce que l'on pourrait appeler la « part invisible » d'un pacte social que, non seulement en France mais aussi en Europe, de nombreux acteurs cherchent à définir : ils sont convaincus que c'est aux racines intérieures de la guerre et de la barbarie qu'il faut s'attaquer, et qu'il faut s'y attaquer en France, en Europe et dans le monde entier. Et ce sont ces acteurs qui, tels René Cassin et Stéphane Hessel, seront à l'origine de l'inscription de l'esprit de fraternité au cœur de la Déclaration universelle des droits de l'homme.

Cet esprit se fonde sur l'hypothèse que les conséquences désastreuses de la Seconde Guerre mondiale et des grands faits totalitaires de la première moitié du XXe siècle sont moins les destructions matérielles (auxquelles répond la logique de reconstruction et de croissance) que la régression éthique et civilisationnelle (à laquelle devrait répondre une autre logique que la logique de guerre et de barbarie).

Ainsi, au moment où le pacte «productif» se révèle incapable de répondre aux grandes mutations que nous vivons, c'est en se plaçant dans le prolongement du «pacte de fraternité» que nous pouvons au contraire accomplir les promesses de l'après-guerre.

Le «pacte social productif» en échec

La reconstruction, la croissance, et les outils qui les accompagnent comme le produit national brut (PNB puis PIB) s'inscrivent[1] dans un récit où les comptes sont au service du conte de la croissance. Il n'y a jamais de normes comptables indépendantes de choix de société, même implicites. Les termes mêmes de la comptabilité en portent la marque, à commencer par «bénéfice» qui renvoie à des bienfaits, des activités bénéfiques, et non à des soldes monétaires positifs ou négatifs. C'est l'histoire étonnante de la «comptabilité du salut» au service de l'«économie du salut», sur laquelle nous aurons l'occasion de revenir. C'est la même chose pour le choix, construit pendant l'entre-deux-guerres mais systématisé après la guerre, des comptabilités nationales s'appuyant sur des agrégats valorisant principalement le modèle industriel de production.

1. Patrick Viveret, *Reconsidérer la richesse*, Éditions de l'Aube, 2013.

Ce récit, et sa grammaire économique et comptable, a deux fonctions. C'est d'abord un «récit de vie» qui, après le désastre de la première moitié du XXe siècle, deux guerres mondiales et une crise économique majeure, a l'avantage de proposer une autre perspective alternative que la double dépression, économique et psychologique, que cette situation a généré : la reconstruction et la croissance sont les éléments fondateurs de ce récit.

Mais ce récit à vocation mobilisatrice est aussi un récit d'évitement dans la mesure où il permet ne pas affronter la question la plus lourde et la plus difficile à traiter, qui n'est pas celle des destructions matérielles mais celle du désastre éthique et spirituel que symbolise Auschwitz : qu'est ce qui a pu permettre que naisse au cœur de grandes civilisations européennes cette «bête immonde» que mettra en scène Bertolt Brecht ? Qu'est-ce qui a favorisé les formes proches du nazisme : fascisme en Italie, franquisme en Espagne, stalinisme en URSS et en France le régime de Vichy ?

La fonction d'évitement est remplie avec succès pendant les trente années d'après-guerre, celles que l'on appelle de manière significative les Trente Glorieuses, ce qui montre bien leur puissance narrative. Pourtant, les points aveugles de ce récit vont réapparaître avec force à la fin des années soixante et conduire à la fracture culturelle de 1968.

L'étroitesse est la caractéristique commune de ces points aveugles :

– étroitesse de l'approche de la richesse, qui ignore la richesse écologique et humaine :
– étroitesse de la vision industrialiste par rapport à la mutation informationnelle ;
– étroitesse de la vision nationale par rapport au défi de la mondialité ;
– étroitesse de la vision culturelle et spirituelle par rapport à la saturation de la croissance matérielle marchande.

C'est cette étroitesse qu'exploitera la contre-révolution conservatrice en jouant la carte de la globalisation financière grâce à la révolution numérique. Simultanément elle répondra aux désarrois culturel et moral provoqués par l'économisme en proposant un retour à des valeurs profondément conservatrices. Ce couplage entre hypermodernisme et traditionalisme est la base du projet conçu par Margaret Thatcher et Ronald Reagan et théorisé par des intellectuels comme Hayek.

Pourquoi ce mécanisme a-t-il pu s'imposer aussi rapidement dans le monde entier et même en Europe, espace privilégié des États sociaux et du modèle social-démocrate (même s'il était mis en œuvre par des gouvernements dirigés par des mouvements de droite comme la CDU en Allemagne ou le gaullisme en France) ? C'est précisément parce qu'il prenait en charge deux dimensions d'ouverture que l'étroitesse de la vision social-démocrate n'arrivait pas à assumer :

– la mondialité et la révolution numérique instrumentalisées au profit de la globalisation financière ;

– la pauvreté culturelle et spirituelle persistante, malgré la démocratisation de la richesse matérielle, dont la fracture culturelle de l'année 1968 avait révélé les limites.

Si donc nous souhaitons construire, comme c'est aujourd'hui plus que jamais nécessaire, une parade à cette contre-révolution anglo-saxonne, ce n'est pas en revenant nostalgiquement à un modèle industriel exclusivement national et pauvre culturellement. Il faut au contraire assumer pleinement l'ouverture à la mondialité, face à sa caricature qu'est la globalisation financière, travailler sur l'accompagnement éthique des mutations issues du couplage entre révolution numérique et révolution du vivant, ouvrir la laïcité à l'audace spirituelle. Faute de quoi, la brutalité sociale et la prédation écologique du modèle adopté par l'oligarchie financière continueront à faire des dégâts redoutables.

Nous ne pouvons avancer dans une telle perspective que si nous remettons en cause la vision parfaitement réductrice qui est la nôtre et en prenant conscience de l'épuisement du pacte productif d'après-guerre et de la nécessité de donner sa pleine puissance au « pacte de fraternité » qui a en fait permis la reconstruction de l'Europe.

Vision réductrice de la richesse

En réservant le terme « richesse » à des activités génératrices de flux monétaires et en marginalisant ou en dévalorisant toutes les autres sources de valeur, au sens étymologique de « forces de vie », le « pacte social productif » a construit une vision réductrice, et même mensongère, de la notion d'activité économique, confrontée aujourd'hui à des contradictions croissantes et de plus en plus insolubles.

Ainsi, les prélèvements destinés aux redistributions et aux financements publics et sociaux sont assis sur une croissance menacée par la saturation des formes de croissances proprement matérielles, prédite dès 1848 par John Stuart Mill. Cette hypothèse de l'état stationnaire s'est vérifiée dès les années vingt malgré les formidables destructions de la Première Guerre mondiale et elle a joué un rôle décisif dans le déclenchement de la crise de 1929 qui, ne l'oublions pas, était une crise de surproduction. La Seconde Guerre mondiale, par ses destructions massives, a redonné un nouveau souffle à la croissance matérielle ; mais le problème se pose de nouveau dès le milieu des années soixante dans les sociétés industrielles avec la saturation des marchés de l'automobile et de l'électroménager qui étaient à l'époque le fer de lance de la croissance industrielle.

C'est pour faire face à la saturation qu'a été non seulement appliquée mais aussi théorisée l'obsolescence programmée des produits afin d'obliger les consommateurs à les remplacer plus souvent. Et le passage de la révolution industrielle à la mutation informationnelle, loin de ralentir ce processus, l'a au contraire accentué : les ordinateurs, les téléphones portables d'aujourd'hui sont fabriqués de manière à avoir une durée de vie réduite. Plus encore que l'obsolescence matérielle, c'est l'obsolescence symbolique qui est mise en avant, en particulier grâce à la publicité. Si vous ne changez pas de téléphone portable tous les ans au moins, vous êtes vraiment considéré comme un ringard !

Nous pouvons remarquer à ce propos la conjonction d'une bonne et d'une mauvaise nouvelle. La bonne nouvelle, c'est la rapidité stupéfiante avec laquelle les économies modernes, industrielles puis informationnelles, reconstituent des richesses détruites par les guerres et en créent davantage. Dès les années soixante, les deux grands vaincus de la Seconde Guerre mondiale, le Japon et l'Allemagne de l'Ouest, pourtant amputée de sa partie orientale, étaient redevenus des économies de premier plan. La France, sortie de la guerre elle aussi dans un triste état, enregistrait à l'époque des taux de croissance de l'ordre de 5 % par an, qui feraient rêver nos gouvernants actuels. La mauvaise nouvelle, c'est que si la seule perspective est celle d'une croissance essentiellement matérielle, si les sociétés ne se réorganisent pas, comme le proposait déjà J. S. Mill, pour développer d'autres formes de progrès, dans l'ordre culturel, moral, artistique, alors la saturation de ce type de croissance débouche sur le chômage de masse, la dépression économique. La tentation terrible de régler à nouveau le problème par la guerre réapparaît alors.

Le conflit armé demeure en effet le moyen ultime de relance de la croissance dès que l'on rentre en phase de saturation de la croissance matérielle et que l'obsolescence programmée des produits devient insuffisante. Ainsi la Seconde Guerre mondiale sera-t-elle à l'origine des forts taux de croissance des Trente Glorieuses dont le bouleversement culturel de 1968 marquera la fin.

L'autre conséquence, également dramatique à terme, de cette approche est la destruction des écosystèmes : ils ne sont pas considérés comme des richesses, mais l'extractivisme et le productivisme qui aboutissent à leur destruction sont, eux, comptabilisables comme des richesses monétaires.

Il faut donc choisir une autre voie. Nous pouvons nous appuyer sur la vision anticipatrice de John Stuart Mill[1], dont René Passet[2] nous a montré l'actualité.

1. John Stuart Mill, *Principes d'économie politique* [1848], Guillaumin, 1873 [épuisé].

2. René Passet, *Les grandes représentations du monde et de l'économie,* Les Liens qui libèrent, 2010.

Dès 1848, Mill met en évidence que l'économie matérielle marchande (ainsi que la démographie) finira par arriver à un état stationnaire, ce qui bouleversera culturellement des sociétés dopées à la croissance. Certes, cette perspective a de quoi ébranler les économistes car, note Passet, «voir le fleuve de l'industrie humaine aboutir en fin de tout à une mer stagnante a dû présenter aux économistes des deux dernières générations une perspective décourageante. [...] Mais Stuart Mill a quant à lui une tout autre perspective nettement plus satisfaisante. Car, écrit-il, l'état stationnaire de la population et de la richesse n'implique pas l'immobilité du progrès humain. Il resterait autant d'espace que jamais pour toute sorte de culture morale et de progrès moraux et sociaux, autant de place pour améliorer l'art de vivre et plus de probabilité de le voir améliorer lorsque les âmes cesseraient d'être remplies du soin d'acquérir des richesses. Les arts industriels eux-mêmes pourraient être cultivés aussi sérieusement et avec autant de succès, avec cette seule différence qu'au lieu de n'avoir d'autre but que l'acquisition de la richesse, les perfectionnements atteindraient leur but qui est la diminution du travail.»

Cet enjeu est d'autant plus capital que John Stuart Mill n'est pas le seul à l'avoir mis en évidence. Adam Smith évoque un projet comparable quand il estime qu'une fois la pénurie éradiquée, l'économie doit devenir secondaire et laisser la place à ce qu'il appelle la construction de la «république philosophique». Il rejoint ainsi paradoxalement Karl Marx qui appelle au dépassement du règne de la nécessité pour préparer le règne de la liberté. Et c'est la même question que posera John Maynard Keynes en 1930 dans son texte prophétique, « Perspectives économiques pour nos petits-enfants[1] » Il écrira en introduction cette phrase étonnante : « Nous ne vivons pas une crise économique, mais une crise *de* l'économique. » Il pronostique « une dépression nerveuse universelle » si nos sociétés ne sont pas capables de vivre la mutation culturelle qu'implique cette sortie du règne dominant de l'économie. On retrouvera le même enjeu chez Hannah Arendt[2], qui invite à dépasser la civilisation du travail pour aller vers celle de l'œuvre, et chez André Gorz[3]. Plus près de nous, Jeremy Rifkin[4] a abordé *La Fin du travail* et *Une nouvelle conscience pour un monde en crise*, ce que nombre de nos décideurs séduits par son approche de la *Troisième Révolution industrielle* oublient.

Pourquoi une telle convergence, malgré les orientations profondément différentes sur d'autres plans de

1. John Maynard Keynes, « Perspectives économiques pour nos petits-enfants », in *La Pauvreté dans l'abondance*, Gallimard, 2002.
2. Hannah Arendt, *Condition de l'homme moderne*, Calmann-Lévy, 1961.
3. André Gorz, *Métamorphoses du travail et quête du sens*, Galilée, 1988.
4. Jeremy Rifkin, *La Fin du travail*, La Découverte, 1997, préface de Michel Rocard ; *Une nouvelle conscience pour un monde en crise*, *op. cit.* ; *La Troisième Révolution industrielle*, Les Liens qui libèrent, 2012.

ces auteurs? Ne serait-ce pas justement parce que cette analyse a la force d'une évidence. On a pu croire un temps que le remplacement du travail humain par le travail mécanique dans l'agriculture puis dans l'industrie ne changeait pas la donne globale de l'emploi car il y avait ensuite « déversement » (selon Alfred Sauvy) de ces exodes des secteurs de l'agriculture puis de l'industrie vers le secteur des services. Mais, dès lors que la mutation informationnelle et la révolution numérique touchent également les services, il n'est plus possible de maintenir le raisonnement classique sur l'emploi.

Si l'on veut éviter la progression toujours plus dangereuse du chômage de masse, il faut en effet s'engager audacieusement dans une double démarche. La création d'activités liées à la mise en œuvre d'un développement humain soutenable suppose de cesser la course à la productivité et à la vitesse pour s'orienter prioritairement vers la qualité. L'agriculture biologique, le repeuplement de territoires sérifiés du point de vue économique mais offrant un haut potentiel de qualité de vie, le maintien des services publics dans les campagnes, l'expansion des services sociaux, sanitaires, éducatifs, le développement des activités culturelles et artistiques sont par exemple des viviers d'activités intéressantes pour les individus et utiles à la société. Des économistes comme Jean Gadrey ont montré que l'on pouvait ainsi créer des millions d'emplois si l'on choisissait de réorienter en profondeur nos modes de développement.

Dès lors que l'on se tourne vers la qualité, il faut accompagner la mutation du travail lui-même pour développer des métiers au sens fort du terme, des métiers vocations, des métiers projets de vie. Le mot « métier », rappelons son éthymologie, résulte de la contraction de deux termes venant du latin, « ministère » et « mystère ». Un métier est un ministère (au sens de service) mystérieux : un métier manuel nous met, par la transformation de la matière, en rapport avec le mystère de la nature ; un métier relationnel, avec le mystère du rapport à autrui. Un métier, c'est donc beaucoup plus qu'un emploi, cela suppose une forte motivation. Ce n'est pas un travail au sens étymologique du terme, celui de *tripalium* qui renvoie à un labeur pénible, dépendant et obligatoire. Puisque, de plus en plus, les travaux pénibles peuvent être effectués par des robots, plutôt que de s'engager dans la voie régressive d'une nouvelle domesticité, où l'on impose des corvées à des travailleurs sous-payés, ce qui est la tendance actuelle de l'oligarchie dominante, il s'agit au contraire de permettre à tout être humain de réaliser ses pleines potentialités créatrices. C'est ce que défend Bernard Gazier[1] : il reprend le modèle de l'ouvrier qualifié (appelé « sublime »), maître de son art et de son temps de vie, et montre que loin d'être utopique, cette perspective correspond le mieux aux mutations que nous vivons.

1. Bernard Gazier, *Tous « sublimes ». Vers un nouveau plein-emploi*, Flammarion, 2003.

C'est celle aussi que prône Jeremy Rifkin dans son dernier ouvrage consacré à l'émergence des communaux collaboratifs [1]. Les communaux sont beaucoup plus cohérents avec les nouvelles mutations techniques que l'approche actuellement dominante du capitalisme financier dont Rifkin montre les impasses croissantes. Ils supposent évidemment une progression de la qualité relationnelle, de l'empathie, donc de cet esprit de fraternité qu'évoque la Déclaration universelle des droits de l'homme.

Il y a alors une cohérence profonde, si l'on reprend l'histoire de l'Europe d'après-guerre, entre cette perspective et ce que j'ai appelé le « pacte de fraternité » qui, beaucoup plus profondément que le « pacte productif », a présidé à la création de l'Union européenne. Souvenons-nous en effet du coup de génie des pères de l'Europe d'après-guerre : mettre les industries de la guerre, celles du charbon et de l'acier, au service de la paix. L'ancêtre du Marché commun, la Communauté européenne du charbon et de l'acier, avait cette vocation. Il s'agissait de mettre l'économie au service de la paix, d'en faire un vecteur d'échange et de réconciliation entre des peuples qui s'étaient combattus pendant des siècles.

Ce projet supposait la constitution d'une Europe sociale, puis politique, cohérente avec cette démarche

1. Jeremy Rifkin, *La Nouvelle Société du coût marginal zéro*, *op. cit.*

pacificatrice. Inversement, à partir du moment où, sous l'influence anglo-saxonne, c'est la logique de guerre économique et non de paix économique qui a commencé à prévaloir, le pacte de fraternité européen s'est progressivement délité. L'économie pacificatrice aurait pu renforcer la cohésion sociale et permettre la création d'une Europe politique. Malheureusement, nous avons vu la régression sociale s'imposer au nom de la compétitivité et l'Europe se diviser politiquement sous l'influence de forces prônant de plus en plus le repli identitaire, comme le Front national en France.

Cette dérive heureusement peut encore être arrêtée. Mais elle ne peut l'être que si l'Europe prend acte de l'incapacité du «pacte productif» à répondre aussi bien à la nouvelle donne mondiale technique qu'aux aspirations culturelles et spirituelles de nos contemporains. C'est au contraire en se ressourçant dans l'ensemble des valeurs du «pacte de fraternité» qu'elle pourra constituer un espace propice à la transition vers des sociétés du *buen vivir* dont le forum social mondial de Belem en 2009 a montré qu'il était possible et nécessaire de l'instaurer.

Mais ce pacte de fraternité d'après-guerre, il nous faut aujourd'hui l'actualiser en développant des recherches et des pistes d'action qui portent sur le temps de vie global et ne se limitent pas à l'activité au sens économique et statistique du terme. Elles doivent prendre en compte l'ensemble des potentialités créatrices tant de la nature (enjeux de la biomimétique) que des humains (*capabilities approach*).

Il faut pour ce faire avancer dans une double direction :
1. Sur le plan théorique : refonder une vision globale de la richesse qui replace les outils de base de l'économie que sont la comptabilité et la monnaie dans une perspective écologique et anthropologique globale et systémique, puisque les deux sources de la richesse et de la valeur (comme force de vie) sont la nature et les humains ; cette approche théorique doit intégrer pleinement le fait mondial et le renversement qu'il oblige à prendre en compte, à cause des impasses de la géopolitique de puissance (approche géopolitique et geoéconomique fondée sur le Pib).
Cette approche, qui réencastre l'économie dans l'anthropologie (et l'écologie), rejoint encore la pensée de Mill, Smith, Marx, Keynes, Arendt, Gorz, Rifkin et Gazier.
2. Sur le plan stratégique : penser un pacte social ouvert à la fois dans l'espace et dans le temps ; dans l'espace, il doit permettre une articulation des pactes territoriaux locaux, régionaux, nationaux, continentaux avec le pacte mondial ; dans le temps, il doit être fondé sur une politique globale des temps de vie, depuis l'accompagnement de la naissance jusqu'à celui de la mort. L'objet de ce nouveau pacte social, c'est de garantir le droit de tout être humain à faire de sa vie une œuvre,

à exercer son ou ses métiers, afin de permettre le plein développement des *capabilities* humaines, sans négliger la dimension écologique de ce mode d'organisation. Une autre mutation importante à débattre dans cette perspective est celle d'une nouvelle approche du revenu. Dès lors que nombre de métiers-projets de vie ne trouvent pas forcément des rémunérations marchandes (que l'on pense par exemple aux vocations artistiques très nombreuses mais qui ne permettent pas aujourd'hui d'en vivre), il faut sérieusement ouvrir le débat sur un revenu de base qui n'est pas alors un revenu d'assistance mais la prise en compte d'une contribution non monétaire à la société. Les débats, les recherches, les expérimentations sont de plus en plus riches sur cette question et il nous faut rouvrir le dossier d'un ancien sous-secrétaire d'état au trésor, Jacques Duboin[1], qui avait montré que faute d'une allocation universelle, le fait de réserver les revenus à du travail marchand conduisait nos sociétés vers des situations insoutenables de grande misère au cœur de l'abondance.

1. Jacques Duboin, *La Grande Relève de l'homme par la machine*, Éditions nouvelles, 1932. Voir aussi le site du Mouvement français pour un revenu de base : http://revenudebase.info/

Si les sages et les prophètes avaient raison…

Le copilote dépressif enfermé, enclenchant la descente qui va condamner 150 êtres humains à la mort, le pilote à la hache sur une porte rendue indestructible par les excès des mesures sécuritaires qui se retournent contre elles-mêmes… Qui ne voit qu'il s'agit là d'un accéléré dramatique de ce qui se joue dans l'immédiat de notre « civilisation » ? D'une effroyable métaphore de nos sociétés qui persistent à déchirer les bulletins de santé qui leur prescrivent, sous peine de mort, de s'arrêter ? Qui sont les vrais suicidaires enfermés dans leur bulle de jouissance dépressive et leur emballement sans limite ? Qui sont les pilotes qui hantent les salles de marchés, les clubs internationaux à 100 Smic de cotisation, […] qui spéculent sur la faim de centaines de millions d'êtres humains en jouant sur les marchés des céréales à la bourse de Chicago, qui laissent les pauvres de la planète s'entretuer au nom de religions diverses et souvent à l'intérieur de la même religion, qui créent un septième et un huitième continents de détritus, déchets et ordures au milieu des océans ?

Bernard Defrance, 27 mars 2015.

De même qu'on peut voir dans le naufrage du *Titanic* la grande métaphore de la fin du monde des empires européens, de l'aveuglement de leurs classes dirigeantes prises dans la démesure de leur désir de puissance, de même peut-on, à l'instar de mon ami Bernard Defrance, considérer que le crash volontaire du vol de l'Airbus dans la région de Digne est le signal fort d'un risque de chute mortelle de notre civilisation occidentale.

Le paradoxe, c'est que notre civilisation est issue, et elle le revendique, des trois grandes civilisations, grecque, juive et chrétienne, qui toutes ont proféré le même avertissement sur le danger mortel qui menace les collectivités humaines quand l'argent cesse d'être un moyen pour devenir une fin.

C'est Aristote, considérant que la cité est en danger si l'économie se transforme en « chrématistique » dès lors qu'elle procède à cette inversion. C'est le thème du « veau d'or » dans la Bible, signe que le peuple est en train de se perdre spirituellement. C'est la phrase terrible de Jésus dans l'Évangile : « Il est plus facile à un chameau de passer par le trou d'une aiguille qu'à un riche d'entrer dans le royaume des cieux… »[1]

Pourquoi cette convergence que l'on retrouve d'ailleurs dans l'islam et les grandes traditions de sagesse orientales, notamment le bouddhisme ?

1. Voir aussi Guy Aurenche et François Soulage, *Le pari de la fraternité*, Éditions de l'Atelier, 2012

C'est parce que la fascination qu'exerce l'argent, l'idolâtrie et le fétichisme (selon l'expression de Marx) qu'il suscite se traduisent symétriquement par une chosification de la nature et des humains. Les deux sources de la valeur comme «force de vie» (en accord avec le sens latin de *valor*) que sont la nature et les humains sont alors directement menacées. La monnaie, outil d'échange et de pacification («payer» vient du latin *pacare*, «faire la paix»), devient «argent, nerf de la guerre». Et cette guerre est destructrice pour les humains comme pour la nature.

Il faut mesurer en effet l'ampleur des risques qui pèsent désormais, au-delà même de la cité occidentale, sur la cité humaine tout entière, sur le *frater*, dès lors que l'équivalent de la chrématistique, l'économie spéculative, atteint un niveau de démesure qu'expriment les trois chiffres suivants :

- selon la Banque des règlements internationaux, la masse des produits dérivés (principalement spéculatifs) se monte à 800 000 milliards de dollars, soit plus de dix fois la richesse mondiale totale ;
- selon Bernard Lietaer, l'un des anciens responsables de la Banque centrale de Belgique, sur les 4 000 milliards de dollars qui s'échangent quotidiennement sur les marchés financiers, seuls 2 % correspondent à des biens et des services réels [1] ;

1. Bernard Lietaer, *Au cœur de la monnaie*, Éditions Yves Michel, 2013.

– selon l'un des anciens responsables de la Deutsche Bank interviewé sur la chaîne Arte, le temps moyen de possession d'une action, qui était encore, il y a vingt ans, de plusieurs années est tombé à moins de 30 secondes !

On retrouve des tendances aussi inquiétantes dans le domaine écologique :

– grandes pollutions sur les villes entraînant des milliers de morts prématurées dues à des accidents respiratoires ;

– dégagements excessifs de gaz carbonique conduisant déjà à une hausse du niveau des mers, qui menace non seulement des îles mais des sous-continents entiers comme le Bangladesh ;

– atteintes inquiétantes à la biodiversité pouvant conduire à une sixième grande extinction des espèces si leur destruction se poursuit au rythme actuel…

En outre, ce système fonctionne avec une vision à court terme (le trimestre), alors qu'il est impératif de penser à très long terme (au moins trente ans) si nous voulons éviter des catastrophes climatiques ou des atteintes à la biodiversité. Comment ne pas voir qu'il nous conduit à l'équivalent d'un nouveau Déluge, thème récurrent de toutes les grandes mythologies ? Comment ne pas comprendre qu'il s'agit d'un antisystème mortel pour le devenir du « fraterre [1] », expression symbolisant à la fois le devenir de la famille humaine et de ses écosystèmes ?

Oui, comment ne pas le voir, l'entendre ? La réponse est hélas simple : il suffit de ne voir et de n'écouter que la plupart des grands médias sous l'influence directe de l'oligarchie financière, directement intéressée, quant à elle, par les profits à court terme des ventes d'armes (Dassault, Lagardère en France), du pétrole (grands médias américains) et de la spéculation liée aux paradis fiscaux (tous sont concernés).

Il existe pourtant bien d'autres faits qui permettent au contraire de ne pas désespérer de l'avenir. D'autres signes montrent qu'une autre direction est possible et a même déjà été prise par ces millions d'êtres humains que des sociologues américains ont nommés « créatifs culturels » : ils ont changé leur rapport à la nature, développé l'être plus que le paraître, les valeurs d'empathie plus que les rapports de rivalité et ils s'intéressent aux enjeux spirituels en élaborant des approches totalement non dogmatiques.

C'est sur cette troisième grande force mondiale des « créatifs » (pour éviter le malentendu réducteur de la traduction française de *cultural creatives*) que nous pouvons nous appuyer pour développer des stratégies de résistance créatrice au modèle dominant et d'expérimentation

1. Proposition sémantique suggestive de Catherine André, ancienne rédactrice en chef de *Courrier international*.

anticipatrice d'une transition vers des sociétés du *buen vivir*. En effet, ces créatifs ont la capacité, qui n'est guère présente chez acteurs des deux autres forces, les « modernistes » et les « traditionalistes », d'opérer un dépassement dynamique de ces deux modèles socioculturels afin d'en garder le meilleur et d'éviter ce qu'ils portent en eux de pire :

– la liberté de conscience, l'émancipation, l'universalité des Droits de l'homme du côté de la modernité sans la chosification de la nature, du vivant, des humains eux-mêmes découlant du fondamentalisme marchand ;

– la reliance à la nature, au lien social, aux questions du sens, présente dans les cultures de tradition sans la dépendance pouvant conduire à des fondamentalismes identitaires excluant d'autres formes de liens ou de sens.

C'est sur cet enjeu fondamental que se joue une bonne partie de l'alternative entre guerre ou dialogue de civilisations, tant à l'échelon planétaire que dans les cités de nos villes-mondes. Mais pour réaliser une telle approche encore faut-il réinvestir dans l'espace public une capacité que, la plupart du temps, l'économisme nous a fait oublier : la capacité de discernement, de l'évaluation entendue dans son sens fort de délibération sur ce qui est une valeur dans une société.

Ce qui compte et qui n'est pas compté…

L'une des premières formes de résistance créatrice à l'idéologie véhiculée par la novlangue de l'économisme, la première opération de désintoxication salutaire avant d'entamer la marche vers une société plus fraternelle, c'est de nous autoriser à redonner aux mots-clefs des enjeux de société leur plein sens.

Je l'ai fait en reprenant la signification forte du *frater* comme genre humain et en montrant comment des valeurs comme la liberté, l'égalité et la laïcité pouvaient être nourries par cette approche refondatrice. Je l'ai repris aussi en faisant la distinction entre mondialité et mondialisation. Construire un nouveau pacte social, dont la nécessité vient d'être évoquée, soulève la question fondamentale des termes confisqués par la « langue du business », ce qui nous conduit à faire un pas supplémentaire dans cette direction.

Ainsi, retrouver le sens originel de mots-clefs de la vie de l'entreprise, tels que « valeur », « richesse », « bénéfices », « métiers », peut constituer une aide précieuse si l'on veut s'engager dans la voie de la responsabilité sociétale d'une entreprise et, plus largement, de toute organisation.

Les comptabilités monétaires ne nous renseignent pas sur ce point crucial, puisqu'elles peuvent enregistrer des flux monétaires positifs (valeur ajoutée, bénéfice, profit, etc.) pour des activités nuisibles aux humains ou à leur environnement et, inversement, ne pas prendre en compte des activités utiles, bénéfiques, voire vitales, qui ne s'expriment pas par des flux monétaires. C'est ainsi qu'un accident de la route génère des valeurs ajoutées monétaires pour le dépanneur, le garagiste, le fabricant de tôle, etc. Par contre, l'eau potable n'a aucune valeur économique si elle reste abondante et gratuite. Dans les systèmes de comptabilité nationale, le Pib enregistre ainsi positivement nombre d'activités nuisibles. Récemment, le débat en Europe sur les statistiques de la richesse des nations a rebondi après la décision d'Eurostat (l'institut statistique européen) d'intégrer au Pib les transactions monétaires liées à la drogue et à la prostitution. C'est pour ces raisons que de nombreuses propositions [1] visant

1. Patrick Viveret, *Reconsidérer la richesse, op. cit.* Une littérature importante est désormais accessible sur ce sujet. Citons notamment Jean Gadrey, *Adieu à la Croissance*, Éditions Les petits matins, 2015. Dominique Meda, *La mystique de la croissance,*

à réformer les indicateurs de richesse de nos sociétés ont été élaborées, la tentative la plus connue étant celle de la commission présidée par deux prix Nobel d'économie, Joseph Stiglitz et Amartya Sen.

Qu'est-ce que la richesse ? Qu'est-ce que la création de valeur ? Il faut partir de ces question essentielles afin d'étudier avec discernement la nature des activités humaines et de se demander ce qui compte le plus dans nos vies sans se laisser intimider par le seul fait de savoir que l'on compte.

Ainsi, posons à un groupe humain, quel qu'il soit, la question suivante : « Qu'est ce qui compte le plus dans vos vies ? » L'argent n'apparaît pas, sinon de façon marginale dans les réponses. Lors d'un atelier conduit avec des entrepreneurs et des banquiers, le compte rendu des échanges en petits groupes sur cette question, après un temps de réflexion personnelle, avait conduit à remplir deux pages d'un paperboard sans que le terme « argent » ait été mentionné une seule fois, ce que fit remarquer l'un des entrepreneurs présents.

Ce fait n'a rien d'exceptionnel. Il vient de ce que l'on peut qualifier de « réalisme anthropologique ». Pour un être humain, ce qui compte, c'est ce qui permet non seulement de rester en vie (satisfaction de besoins

Flammarion, 2014. Tim Jackson, *La prospérité sans la croissance*, Deboeck, 2010. Jean Gadrey et Florence Jany Catrice, *Les nouveaux indicateurs de richesse*, La Découverte, 2012. Ainsi que les travaux de la commission Stiglitz.

biologiques) mais aussi de donner un sens à sa vie et d'être reconnu ou aimé par d'autres (besoins psychiques). La monnaie n'intervient alors que comme l'un des moyens permettant d'accéder aux biens ou aux services correspondant à ces besoins (ou ces désirs).

Par contre, si, au lieu de poser la question de « ce qui compte », on pose celle de « ce que l'on compte », la réponse est évidemment différente. Le comptage est alors purement quantitatif et, le plus souvent, c'est la quantification monétaire qui constitue la seule unité de mesure utilisée, alors que d'autres outils de mesure tels que le temps, le volume, le degré de CO_2 pourraient être plus adaptés au diagnostic. Cela tient au fait que, dans nos sociétés marchandes, la monnaie n'est plus seulement un moyen mais que son acquisition peut être considérée comme un but en soi.

La comptabilité bénéfique

Afin de disposer d'une appréciation plus juste de la réalité, il convient donc de croiser les informations issues des comptabilités monétaires avec les informations issues de ce que l'on peut qualifier de « comptabilité bénéfique ». La comptabilité bénéfique enregistre, d'une part, les activités bénéfiques, source de bienfaits pour les humains ou leur environnement, et, d'autre part, les pertes entendues au sens réel du terme, c'est-à-dire pertes de valeur – « valeur » au sens étymologique de « force de vie ». Il y a ainsi perte de force de vie naturelle si l'on dégrade ou détruit un écosystème naturel et perte de force de vie humaine si l'on dégrade la force de vie physique ou psychique d'êtres humains. Des accidents du travail, des conditions d'hygiène insatisfaisantes, voire la souffrance au travail provoquant des suicides, constituent ainsi une perte de valeur humaine à enregistrer dans les pertes [1].

Cette appréciation qualitative suppose un enregistrement des avis des différentes parties prenantes. Aujourd'hui, l'informatique et les réseaux sociaux permettent un enregistrement plus simple et décentralisé de cette appréciation et de son agrégation au moyen d'un système de type bonus/malus fondé sur la vieille technique des bons et des mauvais points. Ceux-ci peuvent être gradués afin de constituer des seuils d'alerte. Par exemple, la destruction d'une ressource non renouvelable ou un suicide seront notés -5 sur une échelle de 10 échelons allant de +5 pour les activités jugées les plus bénéfiques à -5 pour les plus nuisibles (on peut même rajouter le signal de l'infini en + ou - pour indiquer que l'on est en présence d'une valeur ou d'une perte inestimable). La valeur neutre 0 est utilisée en cas de doute ou de divergence entre les parties prenantes. Un débat faisant appel à des méthodes comme la « construction de désaccord », permettant de dépasser les faux débats issus

1. Patrick Viveret, « Reconsidérer la richesse », art. cité.

de malentendus, de soupçons, de procès d'intention, mettra au jour une évaluation plus précise [1].

Le croisement des deux systèmes d'information permet de faire de la comptabilité monétaire un sous-système d'information et d'appréciation que l'on peut ensuite comparer avec d'autres comptabilités quantitatives (temps, unités de CO_2, volume) et avec la comptabilité qualitative. S'il y a cohérence entre les différentes appréciations, par exemple une production bénéfique de biens ou de services utiles aux êtres humains, non nuisible pour l'environnement et source de bénéfices monétaires, alors nous sommes dans le cas positif d'une activité répondant aux critères de la responsabilité sociétale. Si, au contraire, il y a décalage, voire contradiction, par exemple parce que les bénéfices ou les valeurs ajoutées monétaires correspondent à des activités nuisibles, alors c'est le rôle de l'annexe du bilan que de donner cette information et d'en préciser les causes, surtout si des seuils d'insoutenabilité écologiques ou sociaux sont atteints et peuvent mettre en cause la survie même de l'organisation ou du milieu humain ou écologique dans lequel elle s'inscrit [2].

Cette exigence de retrouver le sens profond et étymologique des mots est également très utile pour examiner les notions de « métier » et de « cœur de métier », expressions

1. Voir les annexes.

2. Parmi les nombreux travaux sur de nouvelles approches de la comptabilité citons notamment Jacques Richard, *Comptabilité et développement durable*, Économica, 2012.

fréquemment utilisées dans l'activité de l'entreprise. Le sens de « métier » est alors très proche celui de « vocation », et même de « profession », à entendre lui aussi dans son sens fort (on ne professe que si l'on est habité par ce que l'on professe !). Le ou les métiers signifient pour un individu ou une organisation (le cœur de métier) que l'acteur concerné est bien dans son axe de vie, et que l'ensemble de son énergie tant physique que psychique n'est pas dispersée.

C'est la raison pour laquelle une personne qui a la chance de « faire de sa passion son métier », va être infiniment plus motivée, efficace et utile à la société qu'une autre dont le « job » sera purement « alimentaire ». Pour les mêmes raisons, une organisation ne sera pleinement légitime, tant auprès de ses clients que de ses salariés et, plus largement, des citoyens, que si sa vocation la conduit à rendre effectivement un service, un ministère, par la production de biens ou de services jugés utiles à la société. Nombre de crises d'organisations et, singulièrement, de grandes entreprises viennent ainsi du fait qu'elles ont abandonné leur cœur de métier en opérant une inversion de la fin et des moyens.

Quand des entreprises comme Vivendi, issues de la Compagnie générale de l'eau, utilisent la distribution de l'eau, ce qui constitue un service, un métier par nature vital, comme un simple moyen de « faire de l'argent », c'est, à terme, une perte de légitimité pour l'entreprise.

Je me souviens également d'un échange avec des responsables de Réseau ferré de France pendant lequel l'exercice sur les valeurs, les activités bénéfiques et les métiers avait mis en évidence que la sécurité était un élément essentiel du cœur de métier de l'entreprise. Il y avait en effet cohérence entre des activités bénéfiques, sources de création de valeur au sens de force de vie, grâce à ce « ministère de la sécurité » confié à l'entreprise. Mais un cadre dirigeant avait fait remarquer que l'impératif de rentabilité monétaire pouvait menacer l'exigence de sécurité. Un débat s'était alors instauré sur la contradiction qui pouvait naître entre « serrer les boulons » au sens monétaire du terme ou les serrer au sens de la sécurité. L'accident dramatique de Brétigny est venu, hélas, prouver plus tard que cette contradiction apparente dans les mots pouvait se vérifier dans les faits…

Enjeu de civilisation : le retour de la question du salut

Toutes les civilisations, toutes les traditions de sagesse, ont eu pour point commun de considérer que la distinction du bénéfique et du nuisible était indispensable aux communautés humaines. Dans l'Occident chrétien, cette distinction se nommait « économie du salut » et l'outil par excellence pour juger de la pertinence de cette économie était la « comptabilité du salut ». Tel était le sens fort et originel du terme « bénéfices » entendu au sens d'activités bénéfiques, de bienfaits, sources de salut, tandis que la perte ultime, la perte radicale, était celle de la seule vie qui comptait vraiment dans des sociétés croyant à l'au-delà : la damnation, la perte de la vie éternelle. Et il est important de rappeler que, dans la gradation des péchés mortels pouvant conduire à cette perte irrémédiable, c'est l'usure assise sur le prêt à intérêt qui était l'acte le plus grave. En effet, prétendre que l'argent était créateur dans le temps, par le biais de l'intérêt composé c'était, comme le rappelle Jacques Legoff [1], le blasphème suprême, puisque Dieu seul est censé être créateur dans le temps. C'est d'ailleurs ce même interdit que l'islam a conservé, obligeant la finance des pays musulmans à trouver d'autres formes de rémunération que l'intérêt composé. Nous retrouvons là le thème récurrent, déjà présent chez les philosophes grecs et les prophètes de la Bible, de la dangerosité du veau d'or pour une civilisation.

Dans la nouvelle ère historique dans laquelle nous sommes entrés, que je propose d'appeler positivement de « pleine humanité » et non de posthumanité ou de postmodernité, il nous faut opérer un double mouvement :

– comprendre ce qui a conduit la modernité à s'affranchir de ce discernement sur le bénéfique et le nuisible et pourquoi l'économie, de simple servante du politique et du religieux, est devenue souveraine au point de générer de lourds effets contre-productifs ;

– comprendre comment nous pouvons « réencastrer » l'économique dans l'éthique et le politique sans pour autant régresser dans des formes de fondamentalisme qui nous priveraient des acquis de cette modernité.

1. Jacques Legoff, *La bourse et la vie*, Fayard/Pluriel, 2011.

Comprendre le mouvement de la modernité...

Il faut repartir de ce qui va constituer le fil rouge des Temps modernes qui couvrent environ cinq siècles, de la Renaissance aux années soixante-dix du XXe siècle : on peut presque situer l'épuisement de la modernité au moment de la fracture culturelle de l'année 1968. Ce fil rouge, c'est celui de l'émancipation progressive face à des sociétés d'ordre tenues par un pouvoir politico-religieux.

Le déclencheur sera l'opposition de la connaissance rationnelle à la croyance. Le point d'appui sera le lien social fondé sur des individus doués de cette faculté rationnelle et assemblés dans une communauté politique par contrat et non par sujétion à l'ordre politico-religieux. Le levier – et c'est là que la modernité deviendra autant source de méfaits que de bienfaits – sera l'utilisation de l'économique pour parachever le dessein émancipateur, ce qui se fera en sacrifiant l'écologique et l'éthique.

La révolution cartésienne

Reprenons ces éléments car, si l'on n'a pas pleinement conscience de leur densité, on ne peut comprendre que l'attachement à la modernité ait perduré malgré les dégâts qu'elle a entraîné pour le monde contemporain.

C'est dans la révolution cartésienne que nous pouvons situer le moment inaugural du passage de la croyance à la connaissance rationnelle et l'émergence de l'individu et de sa liberté de conscience comme socle du nouvel ordre qui s'instaure. Le *cogito* complet de Descartes commence par le doute : « Je doute, donc je pense et je pense donc je suis ! » Le doute est premier et c'est grâce au doute que deux révolutions vont pouvoir s'accomplir.

Le doute permet de réfuter tout argument d'autorité, qu'il vienne du pape ou du roi, pour se fonder sur le seul examen rationnel afin de constituer un socle stable pour avancer dans la recherche de la vérité ; c'est la fonction épistémologique du doute qui sera radicalisée à l'époque contemporaine par Karl Popper et son principe de « falsifiabilité » : une démarche scientifique n'est pas caractérisée par la vraisemblance de ses hypothèses, toujours facile à établir, mais par la déclaration selon laquelle elle est prête à reconnaître qu'elle est dans l'erreur si des expériences déterminantes le démontrent. Une telle exigence n'est bien sûr pas présente chez Descartes qui réintroduira par la fenêtre nombre d'éléments métaphysiques qu'il avait poussés par la porte (à commencer par Dieu et sa bonté !). Mais le doute va remplir une fonction fondatrice pour une recherche scientifique bloquée jusque-là par la scolastique assurant l'encadrement religieux et théologique de la science.

Le sujet doutant et pensant, en récusant la domination de l'ordre politico-religieux, va servir ultérieurement de point d'appui à la pensée politique révolutionnaire. Ce n'est plus la monarchie de droit divin qui fonde l'ordre social, c'est le citoyen doué de raison qui organisera le lien social sur le contrat et non sur la soumission à un ordre qui le dépasse. Kant, Rousseau et les théoriciens anglo-saxons du contrat social partiront de cette révolution inaugurale pour développer leur approche, même s'ils critiqueront Descartes sur des points importants.

Remarquons enfin que c'est à cette condition que le *frater* prend tout son sens. Certes, le terrain a été préparé par des religions comme le christianisme, qui posent l'égalité de tous les êtres humains comme frères, puisque ils sont tous fils et filles de Dieu et qui réfutent par exemple l'idée qu'il y a des sous-hommes comme les esclaves. Mais dans des sociétés monarchiques, patriarcales et pyramidales, cette notion subversive qu'est le *frater* restera longtemps purement virtuelle. C'est avec la révolution du citoyen pensant, base de toute légitimité du pouvoir politique, que s'accomplira cette révolution.

On voit la puissance émancipatrice d'un tel changement de posture, qui portera en germe le développement de la science et de la technique, la liberté de conscience, l'individuation (qui ne se réduit pas à l'individualisme) et, dès lors, l'universalité des droits humains, bien que les femmes restent dévalorisées par le maintien de l'ordre patriarcal.

On comprend que renoncer à cet acquis majeur des Temps modernes, c'est retourner, comme le prônent les fondamentalismes identitaires, soit à un ordre politico-religieux (intégrismes juifs et chrétiens et pas seulement musulmans), soit à des sociétés patriarcales qui font de la féminisation la cause de tout déclin [1].

Ce serait une régression majeure que la plupart des électeurs, et même des dirigeants d'un parti comme le Front national, ne seraient probablement pas prêts à assumer. De son point de vue, Éric Zemmour a donc raison d'être pessimiste, mais tous ceux qui n'ont aucune envie d'abroger des lois aussi importantes que l'autorité parentale partagée ou le divorce par consentement mutuel, ont une bonne raison d'être optimistes : Non, on ne reviendra pas sur ces acquis majeurs de l'émancipation liée à la modernité !

Deux gros bébés jetés avec l'eau du bain…

D'où vient alors le problème ? C'est simple : deux gros bébés vont être jetés avec l'eau sale des sociétés d'ordre et du patriarcat. Le rapport à la nature d'une part, le rapport à l'éthique de l'autre. Que se passe-t-il en effet dans une société d'ordre ? Censé être lui aussi fondé sur le divin, l'ordre naturel fait intégralement partie de l'organisation politico-religieuse de la société. Du coup, pour s'émanciper de cet ordre surplombant, la solution de facilité est la réduction de la nature à un simple objet que l'on peut

1. Thèse défendue par Éric Zemmour dans *Le Suicide français*, *op. cit.*, et, implicitement, par Houellebecq dans *Soumission*, *op. cit.*

soumettre ou transformer. Nous retrouvons le « soyons maîtres et possesseurs de la nature » de Descartes.

Le point aveugle de l'écologique est alors en place et le mouvement des sciences et des techniques se fondera pour l'essentiel sur un rapport d'opposition ou, au mieux, d'indifférence à l'égard de la nature.

Quant au point aveugle de l'éthique, il résulte du fait que c'est le même ordre politico- religieux qui décrète ce qu'est le bien et le mal, le bénéfique et le nuisible. Certes, dans un premier temps, l'espoir de fonder l'éthique sur la raison et le politique sur la vertu va être au cœur du projet des Lumières et au centre de l'utopie politique des révolutionnaires français. Mais il faudra se rendre à l'évidence : la raison et les Lumières n'ont pas l'énergie suffisante pour fonder un nouvel ordre social. Nous allons alors voir émerger un nouveau système dominant, l'économique, affranchi tout à la fois du religieux, de la nature, de l'éthique et, du même coup, du politique, devenu inutile comme espace de délibération sur le bénéfique et le nuisible.

Nous retrouvons ici les hypothèses d'Albert Hirschman sur l'invention de la notion d'intérêt et celles de Jean-Claude Kaufmann sur la guerre des deux amours [1]. Ainsi, au terme d'une longue et complexe exploration, dont je

1. Albert Hirschman, *Les Passions et les Intérêts*, op. cit. ; Jean-Claude Kaufmann, *L'étrange histoire de l'amour heureux, op. cit.*

ne propose ici qu'un résumé trop succinct, la modernité va accoucher d'une nouvelle domination, celle de l'économisme et d'un nouveau fondamentalisme, celui du tout marchand.

Cette orientation, ravivée au cours de la reconstruction qui suit la Seconde Guerre mondiale, va de plus en plus laisser paraître son étroitesse écologique, spirituelle et éthique. Et c'est la fracture mondiale de l'année 1968 qui va le révéler avec force. En effet, c'est alors que les courants écologiques vont prendre leur essor, que l'interrogation sur la nature de la croissance et du travail va apparaître et qu'une voie va commencer à se dessiner, même si, comme l'avait noté Michel de Certeau, elle est encore marquée par la persistance des « langages antérieurs ». Les années soixante-dix du XXe siècle marquent la fin de cette grande période historique de la modernité. On me dira que la contre-révolution conservatrice anglo-saxonne des années quatre-vingt a pris le contre-pied de cette perspective ouverte dans les années soixante-dix. C'est vrai, mais le projet thatchero-reaganien lui-même ne revient pas pour autant au projet antérieur d'une poursuite de la modernité. Au contraire, il va d'autant plus accentuer le retour à des valeurs culturelles et morales prémodernes que la poursuite du projet technico-économique rencontre des obstacles culturels majeurs. Avec le projet conservateur anglo-saxon, c'est l'émancipation, non l'étroitesse, de la modernité est mise en cause. Mais il s'agit bien, avec une approche différente et même divergente de celle des créatifs qui apparaissent dans les années soixante-dix, d'une entrée dans un nouveau cycle historique.

Ainsi la fin des Temps modernes est-elle une mutation dont nous avons du mal à comprendre à quel point elle est considérable. Elle débouche sur plusieurs grands courants :

– le fondamentalisme identitaire nostalgique de la prémodernité : sa capacité de nuisance peut être très forte mais il n'offre pas les moyens de façonner l'avenir ;

– la contre-révolution (terme que je préfère à « révolution conservatrice anglo-saxonne ») : elle cherche à construire un ensemble hybride marqué par une hypermodernité technique et un retour à une certain fondamentalisme identitaire sur le plan culturel et politique ; ce courant est aujourd'hui encore très puissant mais c'est un colosse aux pieds d'argile car il ne porte pas un dépassement dynamique du couple modernité / tradition mais une exacerbation de leurs traits respectifs ; à terme, ce courant, selon moi, se dispersera entre les trois autres, à moins qu'en provoquant la guerre, ce qui n'est hélas pas exclu, il se maintienne artificiellement et mette vraiment en danger le devenir de l'espèce humaine.

– la posthumanité : elle pousse jusqu'à leurs limites les potentialités scientifiques, techniques et économiques de la modernité tout en refusant de s'interroger sur ses points aveugles écologiques, éthiques et spirituels ; pour le coup, on jette le bébé de l'humanité avec l'eau du bain ; le projet moderne est poursuivi, mais c'est l'humain lui-même qui finit par être de trop dans cette aventure aux contours tout à la fois fascinants et terrifiants.

Le courant de la posthumanité va tendre à être de plus en plus porteur si la capacité de nuisance des deux premiers courants n'en bloque pas la progression. Néanmoins il reste le courant qui me paraît le plus porteur d'un avenir non pas trans ou posthumain mais pleinement humain : celui qui cherche à réunir le meilleur de la liberté et de l'émancipation avec le meilleur des enjeux écologiques, éthiques et spirituels grâce à une qualité d'humanisation et de conscience supérieure. Ce n'est pas un projet linéaire, découlant naturellement d'un déterminisme historique ou technique. Il est soumis régulièrement à des régressions à cause de la forte capacité de nuisance des deux premiers courants et de l'immense force de frappe technique et financière du courant posthumain. Mais c'est le seul qui porte en germe une « bonne nouvelle » pour l'ensemble de notre famille humaine, pour l'ensemble du *frater*, alors que les autres ne « sauvent » que d'infimes minorités.

Non, nous ne sommes pas condamnés à osciller entre fondamentalisme marchand et fondamentalisme identitaire ni même à assister impuissants à leur guerre de plus en plus destructrice. Nous avons vu à plusieurs reprises qu'il est une autre voie, celle qui conserve les acquis émancipateurs de la modernité tout en retrouvant des formes de reliance à la nature, aux autres et au sens, qu'elle a trop souvent perdue.

Qu'est-ce que l'approche d'un développement humain soutenable, d'une société du « bien vivre », pratiquant la frugalité heureuse, si ce n'est cette capacité à avancer simultanément sur les axes de la liberté et de la reliance à la nature et aux autres, donc l'axe du « fraterre » ?

Cette société, à condition de rester libérée du fondamentalisme identitaire, peut sans risque prendre en compte l'importance du défi écologique, éthique et spirituel.

Mais, pour ce faire, elle doit replacer au cœur de son dispositif la fonction de discernement, de délibération sur le bénéfique et le nuisible, donc l'éthique. Comme le propose Amartya Sen, l'économique doit redevenir une science morale. Nous ne pouvons continuer à nous affranchir de cette exigence en transformant les bénéfices et les pertes en simples soldes monétaires positifs ou négatifs. Et le politique ne peut se contenter d'être le simple paysagiste de cette économie devenue destructrice des humains et de leurs écosystèmes. Lui aussi doit se réinventer.

Une politique à réinventer

Une république ne peut mettre en œuvre l'esprit de fraternité si son système politique vit en permanence dans la brutalité de la logique pyramidale et de la compétition. Cette forme politique annihile toute capacité de mobiliser une intelligence collective coopérative et toute possibilité de fonctionner en réseau, méthode tant vantée par ailleurs dans les nouvelles écoles de management. Le modèle de la «démocratie de compétition» définie par les rapports de force, la rivalité et la seule loi du nombre montre de plus en plus ses limites. Il est aujourd'hui inapte à assurer la gouvernance de sociétés complexes, à préparer l'avenir à moyen et long terme et à faire reculer la violence.

Ce modèle a, certes, rendu deux grands services aux pays dans lesquels il a été appliqué en mettant fin à la fois à la guerre civile et aux formes de gouvernance despotiques ou oligarchiques. Il a conduit à la démilitarisation de la lutte pour le pouvoir et à l'organisation du suffrage universel. Partout où la gouvernance par la guerre ou par des formes autoritaires se maintient, ce modèle est comparativement le plus satisfaisant, même s'il comporte nombre de défauts sur lesquels je vais revenir. C'est Churchill qui le définit alors le mieux : « La démocratie est le pire des régimes à l'exception de tous les autres. »

Mais nous ne pouvons pas nous contenter d'éviter le pire ! En effet, ce pire se reconstitue au sein même de nos sociétés et conduira à des risques de guerre civile si nous ne mettons pas en œuvre des formes de participation, de délibération et de gouvernance plus intelligentes et plus collaboratives. À l'époque où je conduisais la mission sur l'évaluation des politiques publiques que m'avait confiée le Premier ministre d'alors, Michel Rocard [1], c'est ce que nous avions appelé la « nécessaire réforme de nos outils d'intelligence politique ». Le modèle pyramidal et compétitif souffre de trois défauts majeurs :

1) Le premier et le plus grave vient du fait que cette approche compétitive du pouvoir maintient en son sein les germes des deux risques majeurs que la démocratie prétend combattre : la guerre et le despotisme.

1. Rapport de la mission « évaluer les politiques et les actions publiques », Patrick Viveret, La documentation française, 1989.

En effet, s'il n'y a pas des forces importantes au cœur de la société civile pour s'opposer à ces deux risques, les motivations des compétiteurs restent de nature guerrière et le vocabulaire politique l'exprime bien : on parle de campagne ou de bataille électorale, de vainqueurs et de vaincus, de clans, d'écuries, de lieutenants ou de seconds couteaux, etc. Dans cette perspective, les compétences requises par les compétiteurs et leurs soutiens sont de l'ordre de la capacité à conquérir le pouvoir plus qu'à l'exercer, de l'ordre de la rivalité plus que de la collaboration, de l'ordre de l'idéologie simplificatrice plus que de l'intelligence complexe. Les méthodes adéquates sont celles qui permettent de construire des rapports de force, de repérer des chefs potentiels, de se maintenir au pouvoir après l'avoir conquis.

2) La deuxième série de dysfonctionnements et de dérèglements vient de la porosité de cette approche aux phénomènes de corruption ou au moins de sa perméabilité aux stratégies d'influence menées par des acteurs disposant d'argent ou de pouvoir sur des clientèles électorales. La plupart des démocraties occidentales sont ainsi minées de l'intérieur par les conflits d'intérêts, les trafics d'influence et des formes plus ou moins graves de corruption, qui finissent par entraîner une défiance généralisée à l'égard des politiques et saper la démocratie elle-même. La progression inquiétante, comme dans les années trente, de courants autoritaires qui se nourrissent de ce discrédit en est la conséquence.

Et l'affaiblissement des démocraties face à des faits autoritaires externes est un danger redoutable. La crise ukrainienne en Europe en l'illustration.
3) Enfin, cette forme démocratique se révèle de plus en plus incapable de traiter la plupart des grands défis, puisque le diagnostic et le mode de résolution de problèmes corrélés sont nécessairement complexes. Les approches binaires, simplificatrices et fortement idéologiques étaient peut-être adaptées à la phase de la conquête du pouvoir. Elles profondément inadaptées à son exercice. Conduire des transformations majeures suppose d'élaborer des diagnostics partagés, de mener des négociations multi-acteurs et de concevoir desstratégies de transition conjuguant sur des territoires des approches plurielles. Par exemple, le développement soutenable doit s'appuyer sur l'association cohérente des approches économiques, écologiques et sociales.

Certes, il existe une combinaison schizophrénique de l'approche traditionnelle de la conquête du pouvoir et de l'approche dite managériale de son exercice, où les logiques de complexité, de pluridisciplinarité et de négociation multi-acteurs vont se mettre en place. Mais cela se traduit par une telle rupture entre le temps des campagnes et des promesses électorales, d'une part, et le temps de l'exercice des responsabilités, d'autre part, que le prix à payer est à nouveau celui de la défiance, d'abord envers la classe politique, ensuite envers le fait démocratique lui-même.

C'est pourquoi il nous faut penser une autre approche, qui soit cohérente avec l'esprit de fraternité tout autant qu'avec les mutations des sociétés de la connaissance. Cette approche anticipatrice et non marginale s'inscrirait dans le projet d'une mutation qualitative de la démocratie. Les nouvelles formes institutionnelles comme les conférences de citoyens et les structures consultatives (CESE, CESER, conseils de développements, comités d'éthique, conseils scientifiques) n'ont que peu d'intérêt si elles ne sont là que pour mettre un peu d'huile dans les rouages de plus en plus grippés de la démocratie de compétition et de simple délégation. Elles deviennent des laboratoires très féconds si au contraire elles assument une ambition qualitative de la démocratie.

C'est le cas si elles utilisent des méthodes qui font appel à la créativité des acteurs impliqués, à leur aptitude à traiter des questions complexes, à décloisonner des champs de compétence divers, à transformer des différences, voire des divergences, en atouts, alors que la démocratie de compétition les ressent comme des menaces.

Au-delà de l'aspect de brassage d'idées que ces méthodes (forums ouverts, ateliers de construction de désaccords, World Cafés, cercles sociocratiques ou approche holacratique...) apportent, elles ont la caractéristique de mettre, en tout cas dans l'espace de travail concerné, l'ensemble des participants sur un pied d'égalité et de les rendre contributeurs en leur permettant d'être directement reliés au sens du travail en cours. Ces méthodes s'inscrivent donc clairement dans ce projet, puisqu'elles ouvrent la voie non seulement à une meilleure participation des acteurs concernés mais aussi à la construction d'une intelligence collaborative dont n'a guère besoin la démocratie de compétition… mais qui se révèle un pilier essentiel d'une démocratie de qualité. Comment, en effet, avancer dans cette direction sans créer d'espaces où chacun est en mesure de quitter son masque de défense pour adopter une attitude de responsabilité et d'ouverture à l'altérité, où la délibération et même le conflit enrichissent réellement la réflexion collective et renouvellent les pratiques ?

Pour ces mêmes raisons, les motivations sont très différentes. L'écoute, l'empathie, la qualité d'accueil, la convivialité, le plaisir partagé de participer à un processus de construction autant que la clarté et la transparence quant aux objectifs et intentions poursuivis deviennent des éléments déterminants d'un progrès centré sur la qualité démocratique.

Évidemment, pour les Brutaclaques, pour lesquels tout ce qui ne relève pas des combats entre mâles dominants est considéré comme une naïveté de Bisounours, de tels propos paraissent idéalistes. Pourtant, il suffit de penser aux grands responsables dignes de ce nom qui restent dans l'histoire pour avoir redonné leurs lettres de noblesse à la politique. La politique est tellement discréditée qu'elle finit par menacer la démocratie elle-même en générant soit une abstention massive soit la montée de formations qui exploitent les peurs et les attitudes de repli identitaires. Pensons à ces hommes et à ces femmes, pensons aux qualités qu'ils ont déployées pour être à la hauteur de leur rôle. Pensons à Jaurès, à Rosa Luxemburg, à Gandhi, à Mandela, à Aung San Suu Kyi. Pensons au pape François dont le rayonnement dépasse les cercles catholiques. Pensons à Vaclav Havel et relisons pour nous en nourrir ce texte magnifique du dissident de la Charte 77, en lutte contre le despotisme et devenu ensuite président de la République tchèque [1] :

> Je suppose que vous ne m'avez pas élu à cette fonction pour que je vous mente à mon tour.
>
> Notre pays ne fleurit pas. Le grand potentiel créateur et spirituel de nos nations n'est pas utilisé comme il se doit. Des branches entières de l'industrie produisent des choses qui n'intéressent personne tandis que ce dont nous avons besoin nous manque… Nous avons pollué la terre, les rivières et les forêts que nous avaient laissé nos ancêtres au

1. Discours du Nouvel An, Prague, 1er janvier 1990.

point que nous avons aujourd'hui le plus mauvais environnement de toute l'Europe…

Le pire est que nous vivons dans un environnement moral pourri. Nous sommes malades moralement parce que nous nous sommes habitués à parler d'une manière et à penser d'une autre. Nous avons appris à ne croire en rien, à ne pas prêter attention les uns aux autres, à ne nous occuper que de nous-mêmes. Des notions comme l'amour, l'amitié, la pitié, l'humilité ou le pardon ont perdu de leur profondeur et de leur dimension et ne signifient pour nombre d'entre nous qu'une sorte de particularité psychologique aussi désuète que des salutations oubliées du temps passé, un peu risibles à l'époque des ordinateurs et des satellites. Peu d'entre nous ont été capables d'exprimer à haute voix l'idée que les puissants ne devraient pas être omnipuissants et que les fermes spéciales qui leur fournissaient des produits écologiques devraient plutôt les livrer dans les écoles, dans les internats et dans les hôpitaux, si notre agriculture n'était pas en état de les offrir à tous. Le pouvoir actuel, armé de son idéologie prétentieuse et arrogante, a réduit l'homme à un moyen de production et la nature à son outil. Il a perverti ainsi leurs fondements et leurs rapports mutuels…

Si je parle de climat moral pourri, je ne parle pas seulement des messieurs qui mangent des légumes écologiquement purs et ne regardent pas à travers les hublots de leurs avions. Je parle de nous tous... Nous tous, naturellement, chacun dans une mesure différente, sommes responsables du fonctionnement de la machinerie totalitaire. Personne n'est uniquement victime puisque nous avons tous contribué à sa formation.

Pourquoi dis-je cela ? Parce qu'il ne serait pas sage de considérer le triste héritage des quarante dernières années comme un phénomène étranger... Nous devons au contraire, accepter cet héritage que nous avons nous-mêmes dressé contre nous. Considéré ainsi nous pourrons le transformer, cela ne dépendra que de nous...

Le meilleur gouvernement, le meilleur Parlement et le meilleur président ne peuvent pas, à eux seuls, faire grand-chose... La liberté et la démocratie signifient la participation et la responsabilité de tous.

Étonnant, non ? comme aurait dit Pierre Desproges...

Plus qu'étonnant... Entraînant, créateur de valeur comme force de vie, redonnant énergie à son peuple en l'invitant à travailler sur son climat moral, sa responsabilité et son ambition...

Et si nous faisions de même ?

Douce France…

La crise d'identité de la France, de ce que l'on peut appeler le « Récit Français », est pour une bonne part celle de ses valeurs républicaines. Si la fraternité est oubliée, la liberté devient celle des dominants et l'égalité pur objet de ressentiment, comme aurait dit Nietzsche. Le creusement des inégalités conduit à un tel sentiment de déclassement qu'il fait surgir en retour des colères, des frustrations qui peuvent vite dégénérer en replis identitaires, en attitudes xénophobes, voire en haines, si une autre approche n'est pas mise en œuvre.

Notre pays a déjà connu ce risque avec la montée de l'extrême droite dans les années trente et l'exploitation des peurs et des ressentiments sous le régime de Vichy pendant sa collaboration avec le régime nazi.

Toute la partie de sa population, notamment ouvrière, qui se sent abandonnée, bascule aujourd'hui de plus en plus dans la tentation nationaliste que Marine Le Pen exploite avec efficacité. Pour ne rien arranger, une bonne partie de ce que l'on appelle la droite républicaine est de plus en plus à droite, de plus en plus dure et de moins en moins républicaine. De même que, sous le régime de Vichy, le triptyque « Travail, Famille, Patrie » avait remplacé « Liberté, Égalité, Fraternité », aujourd'hui, la trilogie « Sécurité, Inégalité, Compétition » s'impose insidieusement.

Sommes-nous condamnés à assister impuissants à une nouvelle période de régression historique de notre pays, à une nouvelle débâcle intellectuelle et morale qui préparerait à nouveau des heures sombres pour l'Europe et transformerait la patrie des Droits de l'homme en camp retranché du chauvinisme ?

La réponse, qu'elle vienne du cœur ou de l'esprit est évidemment : Non ! Une autre voie est possible mais elle suppose que la France renoue avec son génie propre qui est de penser son rapport à l'universel, au genre humain, au *frater*.

Mais ce rapport à l'universel, si présent dans l'histoire politique et culturelle de notre pays, nous avons appris à nos dépens qu'il nous conduit à des impasses destructrices lorsqu'il est habité par l'esprit d'arrogance plutôt que par celui de fraternité. Quand elle s'est faite impériale, la France a détruit elle-même ce que sa révolution avait propagé comme espérance libératrice dans le monde entier. Quand elle s'est faite coloniale, sa prétention civilisatrice a abouti à la soumission d'autres peuples qui, heureusement, avaient suffisamment appris de nos valeurs pour s'en nourrir, même face à nous quand nous les trahissions.

Pour retrouver la voie de cette aspiration à l'universel, il faut avoir la volonté de contribuer à l'émergence de cette citoyenneté terrienne que porte en germe l'esprit de fraternité présent dans la Déclaration universelle des droits de l'homme, inspirée par le meilleur de l'esprit français. Il ne s'agit pas bien sûr de se désintéresser de l'Europe mais de lui proposer un autre avenir que d'être le champ de bataille du fondamentalisme marchand ou le camp retranché des fondamentalismes identitaires.

L'Europe n'a de sens, elle aussi, que tournée vers cette ambition mondiale débarrassée de la nostalgie conquérante. Cette Europe, qui sait que la barbarie peut naître au cœur de grandes civilisations, peut continuer d'être au contraire le laboratoire privilégié de la paix, comme elle a su le faire depuis la dernière guerre mondiale : le laboratoire du dialogue de civilisations dans les cités de nos villes-mondes face au déferlement des nouvelles guerres du sens ; le laboratoire de la qualité démocratique face au risque de neodespotisme technocratique ; le laboratoire pour la transition vers des sociétés du *buen vivir* face au risque du couple démesure-mal de vivre que génère l'obsession compétitive du fondamentalisme marchand...

D'ailleurs, cette transition vers des sociétés du *buen vivir*, prônée par les participants au forum social mondial de Belem au printemps 2009, n'a-t-elle pas un nom qui nous est chère, à nous, Français ? La douceur de vivre… bien sûr… La douceur des paysages, ceux de nos campagnes mais aussi ceux de nos villes, riches d'un patrimoine qui fait de notre pays le pays le plus visité au monde. Cette douceur non délocalisable n'est pas étrangère aux raisons pour lesquelles nous continuons d'attirer, contrairement à toutes les idées reçues, autant d'investissements étrangers…

Imaginons que cette douceur, notre principal atout écologique et culturel, soit aussi notre principal atout économique, social et politique : la France, pays de l'économie solidaire, de l'anticipation d'un nouveau pacte social, de la mutation qualitative de la démocratie…

Douce France, pays de la fraternité ! Chiche ?

Annexes

Faites de la fraternité !

Boîtes à idées, sites, textes pour résister aux Brutaclaques et ne plus s'inquiéter de se faire traiter de Bisounours !

I. Guide de vocabulaire comparé des Brutaclaque (Bc) et des Bisounours (Bs)

Ce petit précis de traduction est un moyen de légitime défense. Il a pour vocation de vous éviter de vous laisser intimider par la phrase éculée et coupant court à toute discussion : « On n'est pas dans un monde de Bisounours ».

Répondez : « Certes, mais préférez-vous celui des Brutaclaques ? » Et entamez la résistance à la novlangue compétitive.

Amour : terme inconnu dans le vocabulaire brutaclaque, sauf dans l'expression « faire l'amour », qui fait allusion aux conquêtes sexuelles constituant des tableaux de chasse pour mâles dominants.

Énergie fondamentale chez les Bisounours, s'exprimant par la sympathie, l'amitié, la tendresse, l'érotisme, l'amour fou. Sans cette énergie le Bisounours déprime…

Argent : objectif principal du monde des Brutaclaques, pour lesquels en avoir est une fin en soi.

Simple moyen appelé monnaie chez les Bisounours, lesquels inventent d'autres formes d'échange : Sel (systèmes d'échanges locaux), banques du temps ou accorderies, monnaies locales et civiques...

Assistance : charge sociale inacceptable et contraire à la compétitivité pour les Bc, appelée même « cancer » par les leaders de la droite dure. Mouvement normal d'accompagnement, en particulier, des personnes en danger (assistance à...) chez les Bs.

Bénéfices : équivalent du terme « profit », correspondant à des soldes monétaires positifs chez les Bc.

Activités bénéfiques, sources de bienfaits pour les humains et leurs écosystèmes pour les Bs.

Bénévolat : travail non rémunéré pour les Bc.

Orientation positive de la volonté chez les Bs, pour lesquels le contraire du bénévolat n'est pas le salariat, mais le malévolat ou le lucravolat.

Bien vivre, *Buen vivir* : terme subversif aux yeux des Bc qui voient avec inquiétude de plus en plus de Bs préférer cette perspective à celle de la compétitivité.

Boulot/petits boulots : très prisés par les Bc, surtout s'il s'agit de faire travailler les autres à leur service.

Dépannage alimentaire chez les Bs qui y recourent par nécessité en attendant qu'un revenu de base leur permette de réaliser leurs métiers-projets de vie sans risquer la détresse matérielle.

Câlins : mot inconnu chez les Bc, très prisé chez les Bs, qui s'adonnent volontiers à des exercices comme les *free hugs*.

Compétition/compétitivité : terme fétiche des Bc qui n'imaginent pas d'autres rapports humains.

Les Bs lui préfèrent « coopération », « solidarité », « collaboration ».

Douceur : synonyme de mollesse chez les Bc, d'art de vivre chez les Bs

Économie : chez les Bc, activité consistant à gagner de l'argent et accessoirement à créer des richesses.

Chez les Bc, sous-ensemble de l'écologie (l'*oikonomos* est fille de l'*oikologos*), activité consistant à créer des richesses au bénéfice de tous et dans le respect des écosystèmes.

Égalité : repoussoir pour les Bc qui l'assimilent immédiatement à la bureaucratie et au nivellement et considèrent les inégalités comme une loi naturelle.

Valeur fondamentale pour les Bs qui considèrent que l'égale dignité des êtres humains n'est en rien contradictoire avec la reconnaissance de leur singularité.

Fraternité : aux yeux des Bc, croyance naïve des Bs. Pour les Bs, valeur fondatrice qui ouvre la perspective d'une citoyenneté mondiale en prenant au sérieux le fait que *frater* veut d'abord dire « genre humain ».

Liberté : acceptable pour les Bc s'ils sont en position de force. Fondamentale pour les Bs à condition d'être associée à l'égalité et à la fraternité.

Joie : sentiment bizarre aux yeux des Bc qui lui préfèrent le terme de plaisir.

Mot essentiel pour les Bs qui considèrent que la joie de vivre est l'énergie fondamentale d'un rapport positif à soi, aux autres et à la nature.

Métier : peu utilisé par les Bc qui préfèrent parler de job, d'emploi ou de travail. Utilisé par les Bs dans le sens originel de ministère mystérieux synonyme d'œuvre, de projets de vie, de vocations. Nombre de métiers ne sont pas marchands.

Pouvoir : substantif en majuscules chez les Bc : le POUVOIR! Objet de conquête conduisant ses propriétaires à la peur de le perdre et à la solitude.

Verbe auxiliaire en minuscules, n'ayant de sens qu'avec des compléments chez les Bs. Pouvoir de création démultiplié par la coopération.

Travail : valorisé par les Bc pour lesquels il est à la base de tout lien social même s'il s'agit d'un travail contraint et faiblement rémunéré. Accepté par les Bs au sens de « travail choisi » et équivalent alors du terme « métier ».

Valeur : n'a de sens qu'en lien avec des flux financiers profitables chez les Bc pour qui « la création de valeur » est réservée aux entreprises. Se dit « value for money » dans la langue du business.

Valeur force de vie conforme au latin valor et au grec éros chez les Bs et portée par tout être humain ou tout groupe qui contribue a préserver ou a entretenir de la force de vie naturelle ou humaine.

Continuez vous-mêmes l'exercice et faites-nous en profiter sur le site du Mouvement du 11 : <http://mouvementdu11.wesign.it/fr>.

II. Boîtes à idées d'initiatives et de méthodes

Voici quelques exemples parmi beaucoup d'autres d'initiatives déjà en place, que nous pouvons mutualiser et expérimenter nous-mêmes lors de nos rencontres. Il en existe bien d'autres et cette diversité permet aussi de se sentir libre de ne pas participer à des démarches qui peuvent paraître trop impliquantes ou sensibles à certains…

Ouvrons la boîte à idées pour faire de la fraternité… Ce peut être une rubrique de la page Facebook et du site des EGPC et bien sûr de tous les sites amis : Les Convivialistes, Dialogues en humanité, Collectif Roosevelt, Le Pacte civique, Les Conspirateurs positifs, mouvement Sol, Le Labo de l'Ess, Collectif pour une transition citoyenne, etc.).

Flashmobs :

Alternatiba, au cœur des initiatives citoyennes contre le dérèglement climatique, organise des flashmobs couplées à d'autres évènements de sensibilisation à la la défense de l'environnement (Alternatiba tour Marseille).

Des flashmobs sirtaki, à Manchester, Birmingham, Ottawa et Vienne, favorisent l'esprit de fraternité avec le peuple grec, aujourd'hui essentiel à l'avenir d'une Europe qui doit reconnaître sa dette (civilisationnelle) envers la Grèce…

Pour certaines flashmobs, pas besoin de matériel lourd, il suffit de quelques musiciens ou même d'un simple autoradio cassette ou cd. Elles sont l'occasion de prendre contact aussi avec des groupes qui organisent des flashmobs plus importantes (orchestres, chorales, danses, etc.) et de les inviter à nos initiatives

Regarder quelqu'un dans les yeux pendant une minute :

Site Épanews – épanouissement, bien-être et spiritualité.

Le pique-nique fraternel : chacun apporte quelque chose à partager. Le Mouvement du 11 l'a expérimenté le 11 avril 2015…

Free hugs (câlins gratuits) sur les places publiques du monde entier :

<http://calinsgratuits.free.fr>

http://www.dailymotion.com/video/x1fd1v_free-hugs_lifestyle

En Italie :
<https ://www.youtube.com/watch?v=KOVTZTbRtbk>

Et bien sûr notre « Marseillaise » fraternelle que le Mouvement du 11 chante lors de chaque rassemblement place de la République :

Une Marseillaise fraternelle !

Allons enfants venant du monde entier
Célébrons la fraternité !
Contre les peurs, contre les haines
L'étendard d'espoir est levé,
L'étendard de justice et de paix !
Plus de guerres, plus de sang versé
Plus une goutte dans nos sillons
L'amour lui seul peut abreuver
Notre monde qui a la fièvre

Osons chanter l'amour
Osons danser la paix
Chantons, dansons
Ce chant d'espoir
Pour toute l'humanité !
Citoyens de la Terre
Ensemble et solidaires
Chantons, dansons
Ce chant d'espoir
Pour toute l'humanité !

Allons enfants de la planè-ète
L'ère de paix est arrivée
Qu'aucune peur ne nous arrête
Pour cultiver la liberté
L'égalité, la fraternité !
Semons des fleurs sur les frontières
Nos cœurs et nos mains enlacés
Nous marcherons vers la lumière
Dans l'espoir d'un monde à réinventer

Osons chanter l'amour
Osons danser la paix
Chantons, dansons
Ce chant d'espoir
Pour toute l'humanité
Citoyens de la Terre
Ensemble et solidaires
Chantons, dansons
Ce chant d'espoir
Pour toute l'humanité !
À nos enfants, nous faisons le serment
De protéger notre planète
Ses trésors donnés gratuitement
Jamais plus nous n' les pillerons
Et sa beauté nous préserverons
Pour que tous les enfants du monde
Puissent toujours s'émerveiller

De ses forêts de ses glaciers
Et boir' l'eau claire et pure à la source...

Citoyens de la Terre
Ensemble et solidaires
Chantons, dansons
Ce chant d'espoir
Pour toute l'humanité !
Citoyens de la Terre
Ensemble et solidaires
Chantons, dansons
Ce chant d'espoir
Pour toute l'humanité !

Des activités demandant davantage de temps peuvent être proposées dans le Mouvement, comme les Rendez-vous de la convivialité citoyenne.

Des formations à la communication et à l'action non violente, à la thérapie sociale, à la construction de désaccords, comme les ateliers du sensible lors des Dialogues en humanité, peuvent être organisées.

La liste s'enrichira si nous mutualisons quantité d'initiatives, de méthodes et jouons aussi à cette occasion notre rôle de passeurs et d'ambassadeurs en les faisant connaître. De même qu'Alternatiba a lancé une méthode ludique et facilement reproductible pour lutter contre le réchauffement climatique, il est possible de lutter contre l'autre dérèglement, la glaciation des rapports humains (glaciation qui produit par compensation des rapports prédateurs à la nature).

Initiatives sur la créativité citoyenne

« Morbihan. Les premières éoliennes citoyennes sortent de terre », *Ouest France*, avril 2014.

Site des Banlieues créatives.

« L'agriculture biologique peut nourrir le monde », *Reporterre*, mars 2014, <www.reporterre.net>.

« Une banque villageoise, solidaire et qui prête à taux zéro : rien d'impossible », *Basta !*, octobre 2013.

Les bénévoles à Bonneval-sur-Arc : à l'initiative de Laurent, ami récemment élu à Bonneval-sur-Arc, une « action civique comme autrefois ».

Laisser son empreinte fraternelle sur la planète :

Inviter les participants à compléter une fresque collective dessinée sur le sol à la craie

Sur grand dessin de la planète sur le sol dessinée à la craie, on invite les passants à compléter en dessinant l'empreinte de leur main sur la planète ou autour, avec un petit mot ou non... C'est l'occasion d'échanger sur le fait d'être tous habitants de la même planète, frères et sœurs en humanité.

Colombes messagers de la fraternité :

On prépare plusieurs dizaines de colombes en origami qui porte un message de fraternité (par exemple la citation de M Luther-King pour vivre comme des frères) et des oiseaux sans message. On peut faire une installation en accrochant les oiseaux en papier avec message à un fil ; on invite les passants à prendre un oiseau et à en accrocher un avec avec leur message en échange (comme ça les messages s'échangent et se diffusent)

La fraternité est dans le gâteau :

Distribution de petits gâteaux avec à l'intérieur des messages de fraternité.

Faire don de ce qu'on aime, d'un peu de soi pour se sentir frères et sœurs :

On peut faire un troc amical des objets qu'on aime (et pas ceux dont on en a plus l'usage) : on amène un objet qui parle un peu de soi, et qu'on a envie de « passer » (un livre, un dessin, un poème, un souvenir de vacances...), on le laisse à l'adoption, on met son numéro pour être contacté. Quand il y a assez d'objets en commun, on ouvre à l'adoption, les adoptants peuvent rentrer en contact avec les « cédants » pour connaître l'histoire de l'objet et la personne qui l'a donné.

III. Pour approfondir : textes, sites et ouvrages illustrants et développant la réflexion que nous avons menée

Après les attentats...

Trois initiatives convergentes :

• Appel pour la fraternité, site de l'Una :
« Maintenant, construisons la fraternite »

• Le Pacte civique, un appel, une approche, une démarche. Un appel à inventer un futur désirable pour tous.

• Mouvement du 11 : page Facebook et <http://mouvementdu11.wesign.it/fr>.

« FAIRE VIVRE L'ESPRIT DE FRATERNITÉ DU 11 JANVIER. 3 QUESTIONS À… PATRICK VIVERET », *KAISEN*, FÉVRIER 2015.

Le 11 janvier 2015 une immense vague de solidarité humaine a déferlé en France, suite aux actes terrorisme qui ont visé Charlie Hebdo. *Le philosophe et essayiste Patrick Viveret a lancé, aux côtés de dizaines d'autres journalistes, professeurs ou sociologues, l'initiative « Faire vivre l'esprit de fraternité du 11 janvier », qui invite toutes celles et tous ceux qui le désirent à célébrer et à faire revivre la vague de solidarité tous les 11 du mois.*

En réponse au rassemblement du 11 janvier 2015, vous avez lancé l'idée de faire perdurer cet élan de fraternité une fois par mois. Comment voulez-vous y parvenir ?

Il s'agit de concrétiser cet élan de fraternité tous les 11 du mois. Mais pas obligatoirement sous la forme d'un rassemblement : cela peut être une bougie ou un signe de reconnaissance que l'on porte, tel la symbolique des crayons face aux armes. Nous sommes en train de réfléchir par exemple à un ruban ou un carré de tissu de couleur. Pour celles et ceux qui le peuvent, il s'agirait effectivement de se réunir, soit dans des lieux publics – par exemple à Paris, nous nous retrouverons place de la République –, soit dans des lieux associatifs : partout où celles et ceux qui se sentent concernés par cet engagement choisissent d'exprimer cet esprit de fraternité, y compris – on pourrait même presque dire d'abord – en organisant le débat avec celles et ceux qui ne se sentent pas forcément concernés ou représentés par ces grandes manifestations, je pense en particulier à des temps d'écoute et d'échange avec des jeunes des cités.

Le rassemblement du 11 janvier a soulevé des vagues de questions – présence de chefs d'État peu soucieux de la liberté de la presse, nécessité ou pas de faire des caricatures, etc. Votre initiative peut-elle intégrer les personnes qui étaient absentes de la manifestation ?

Je dirais : raison de plus ! On voit bien qu'il y a un vrai risque d'instrumentalisation, mais l'essentiel des personnes qui ont manifesté l'ont fait pour l'ouverture de la tolérance et de la fraternité. Elles ne manifestaient pas pour cautionner les attitudes d'un certain nombre d'acteurs qui étaient présents dans le cortège officiel et qui, eux, sont aux antipodes de ces valeurs-là. Les millions de personnes rassemblées prônaient un refus de l'instrumentalisation et un refus qu'il se passe en France ce qu'il s'est passé aux États-Unis après le 11-Septembre avec le Patriot Act et avec la légitimation de la torture, bref, avec tous les éléments de durcissement autoritaire et de logique guerrière qui sont justement aux antipodes de l'esprit de fraternité. Plus ces risques existeront – risque du côté de l'instrumentalisation, mais, plus encore, risque du côté de la dépression, de ce que Wilhelm Reich appelait la « peste émotionnelle », c'est-à-dire toutes les logiques liées au sentiment de repli et de peur –, plus ces risques sont importants, et plus il est nécessaire de maintenir la flamme de cette énergie créative. Cela dit nous gardons précieusement les photos, les vidéos, les bandes sonores de tous les chefs d'état ou de partis présents ce jour-là afin de nous rappeler le moment venu à leur bon souvenir chaque fois qu'ils menaceront les libertés, qu'ils aggraveront les inégalités ou qu'ils développeront des logiques guerrières aux antipodes de cet esprit de fraternité qu'ils ont prétendu rallier ce jour-là : à bon entendeur salut citoyen !

Il est peut-être tôt pour le dire, mais cette marche du 11 janvier marque-t-elle un tournant vers une société plus fraternelle ?

On a effectivement passé un cap, mais ce passage est fragile. Il est riche de potentialités créatrices, mais, si on ne le fait pas vivre, il peut très bien rester comme une espèce de souvenir lumineux, qui n'aura pas de véritable suite. C'est un cap à faire vivre et à entretenir ; ce n'est pas quelque chose d'irréversible qui se serait produit, et c'est justement parce que la régression et la dépression sont tout à fait possibles – on peut même dire probables – qu'affirmer cette énergie citoyenne fraternelle est primordial. Et l'affirmer, pas simplement pour la France, mais au niveau mondial. Osons la citoyenneté terrienne comme le proposent les Dialogues en humanité pour leur prochaine rencontre de Lyon début juillet prochain ! Ce germe est fragile et il faut tout faire pour que le grain ne meure pas en terre.

APPEL À LA FRATERNITÉ

Conférence de presse du 4 février 2015
Intervention de JB de Foucauld, Le Pacte civique

Régis Debray commençait son livre sur la fraternité par cette phrase qui identifiait la contradiction de la modernité : « Aujourd'hui, l'individu est tout et le tout n'est plus rien. Que faire pour qu'il devienne quelque chose ? »

Le 11 janvier, ce retournement s'est produit, et il a été produit par le peuple, le peuple qui marchait pour un bien commun mal défini, mais pacifique et ardent, loin de toutes les chicaneries habituelles.

Il faut que le « moment fraternité » demeure, qu'il soit durable, qu'il ne soit pas un instant de fraternité se dissipant comme un nuage après la pluie, fût-ce une pluie de balles.

Ne faisons pas comme en 2002 – où nous n'avons rien fait, comme en 2005, après les émeutes de banlieues – où nous avons si peu fait.

Relevons le défi : construisons ensemble le volet fraternité de la République, sur lequel nous avons si peu investi, somme toute. La fraternité est le parent pauvre de la devise républicaine, alors qu'elle en est la clef de voûte et le point d'équilibre, ce qui permet à la liberté et l'égalité de coexister.

C'est pourquoi le Pacte civique souhaite que les plus hautes autorités de l'État appellent l'ensemble des forces sociales et des citoyens à bâtir le volet fraternité de la République.

Dès 2011, lors de son lancement, les promoteurs du pacte civique ont entendu donner toute sa place à la fraternité, qu'ils relient étroitement aux trois autres valeurs qu'il faut également déployer à tous les étages de la société pour résoudre nos crises et répondre aux défis de l'avenir : la créativité, la sobriété et la justice. Pour nous, la fraternité doit être créative, tournée vers l'essentiel, et facteur de justice.

Le moment est venu d'avancer.

Il faut en effet répondre à l'attente des citoyens par une initiative politique, une initiative politique forte, une initiative politique fédérative. Le thème de la fraternité s'y prête bien. Il est même devenu incontournable dans une société à la fois trop individualiste, trop corporatiste et trop relativiste, en manque d'une spiritualité collective effective.

Nous proposons d'ouvrir ce chantier, d'en prendre le risque, de ne pas écouter les timides, ceux qui croient que c'est une notion sans contenu, ceux qui ont peur de mettre en lumière crûment le manque de fraternité de la société française. Les imperfections de la liberté et plus encore de l'égalité ne nous empêchent pas de nous y référer en permanence, pourquoi, sinon par manque d'habitude, en serait-il autrement de la fraternité? Celle-ci doit devenir partie prenante de notre culture politique quotidienne, autrement que sous la forme de proclamations rituelles. En un mot, elle doit devenir plus effective, tout comme l'égalité, tout comme la liberté.

Ce chantier Fraternité doit s'étaler dans la durée, et mobiliser l'ensemble de la société, Parlement, partis politiques, collectivités locales, collectifs, associations, syndicats, entreprises, services publics et simples citoyens. La semaine de la fraternité en serait le point d'orgue.

De quoi s'agit-il? De définir avec réalisme et sans naïveté ce que l'on entend par fraternité, ses liens avec les autres valeurs de la République, notamment avec la laïcité; de mettre en valeur sa capacité à opérer une gestion non-violente des conflits; de faire un état des lieux, tant des réalisations innovantes dans tous les domaines, que des déficits patents de fraternité dans de nombreux domaines; de voir ensuite comment progresser raisonnablement, territoires par territoires, sujets par sujets, groupes sociaux par groupes sociaux; de préciser ce qui relève des comportements individuels, des modalités de fonctionnement des organisations, des lois, règlements et politiques publiques, voire de la Constitution elle-même.

Voilà qui redonnerait du souffle à notre pays et du contenu à son identité, telle qu'observée avec intérêt et souvent espérance par l'étranger. Voilà selon nous, mais avec d'autres qui militent pour le même combat, un grand projet pour notre pays, un projet digne de sa vocation universaliste, un projet politique au sens noble et civique du terme.

Nous avons donc l'intention de demander audience au président de la République pour lui faire cette proposition.

L'APPEL DE FÈS

Rencontres internationales de Fès sur les sagesses du monde

Les participants, venus de nombreux pays, ont lancé l'appel suivant à tous les citoyens du monde épris de justice, de paix et de liberté.

Citoyens de nombreux pays réunis à FES pour une rencontre internationale sur les sagesses du monde, nous voulons à la fois nous associer aux mouvements démocratiques nés du Printemps arabe et dire notre espérance de voir cette dynamique s'étendre dans le monde entier. Ces mouvements sont porteurs, au-delà même de leurs conditions de naissance en Tunisie et en Égypte, d'un message pour toute l'humanité. Celui de l'alternative à la résignation d'abord; du lien profond à établir entre les exigences de liberté, de justice et de paix ensuite ; du nouveau rapport à établir entre l'enjeu démocratique et les enjeux d'une sagesse désirable enfin.

L'alternative à la résignation est née de ce cri de vie contre les logiques mortifères du despotisme et de la corruption à travers la réappropriation démocratique des espaces publics. Les rues et les places tunisiennes, égyptiennes d'abord, libyennes, yéménites, syriennes, ensuite, espagnoles, grecques, portugaises aujourd'hui, sont redevenues l'espace privilégié où les peuples refusent d'admettre que le despotisme soit la seule alternative possible à l'intégrisme et le capitalisme financier, avec son cortège d'injustices sociales et de destructions écologiques, la seule manière de produire des richesses. D'autres voies sont possibles qui associent, comme ce fut déjà le cas dans l'histoire, liberté d'entreprendre et régulation, liberté de croire et respect des consciences, justice sociale et créativité.

Cela passe, et c'est le second message que nous voulons transmettre, par le lien à établir entre les exigences de liberté, de paix et de justice. Les droits humains ne peuvent se diviser :

– celui de croire ne peut conduire à imposer sa foi ou à justifier l'atteinte à d'autres droits humains à commencer par ceux des femmes ;

– celui d'entreprendre librement ne peut autoriser celui d'organiser une oligarchie financière accompagnées d'injustices brutales et d'atteintes à des éco-systèmes vitaux ;

– celui de vivre dans une nation reconnue ne peut justifier celui d'interdire à d'autres peuples ce même droit.

Mais pour ouvrir le chemin de ces droits civiques mondiaux il nous faut savoir nous-mêmes, comme le disait Gandhi, être le changement que nous proposons. L'humanité n'est pas menacée de l'extérieur par de nouveaux barbares. Sa barbarie est intérieure. Nous récusons tous les « axes du mal » si commodes pour prétendre que tous les maux viennent d'autrui. C'est la raison pour laquelle les révolutions démocratiques actuelles se veulent non violentes afin de ne pas reproduire les effets contre-productifs des révolutions dures génératrices de nouveaux pouvoirs autoritaires. Elles se nourrissent de mémoire, de pluralisme et d'un nouvel imaginaire démocratique. Pour contribuer à leur succès nous sommes prêts à contribuer à ce mouvement mondial pour une alliance civique de l'humanité capable, face aux défis et aux risques qui pèsent sur notre famille humaine, de réussir un saut qualitatif dans la voie de notre propre humanisation !

Bien sûr les promesses des printemps arabes sont loin d'avoir été tenues, l'Égypte est à nouveau sous la botte, la Libye connaît le chaos et la naissance d'un état islamique fanatique sur les décombres de l'Irak et de la Syrie ravagés par la guerre civile a fortement assombri les perspectives de l'époque. Mais si l'on regarde attentivement les sources de blocage et de régressions intervenues ils ne résultent pas de la mise en œuvre des principes de paix et de démocratie contenus dans cette déclaration mais au contraire de leur non application.

Quand les révolutions arabes se sont tournées vers la violence (Libye, Syrie) elles ont ouvert la voie à des forces armées extrémistes et terroristes, redonnant même, dans le cas du régime syrien, une bouffée d'oxygène à la dictature du clan Assad. Dans le cas de l'Égypte, c'est la peur de voir l'instauration d'un régime théocratique par les frères musulmans qui a permis à l'armée de reprendre le pouvoir perdu par le soulèvement contre Hosni Moubarak. Inversement, quand le processus démocratique a pu se poursuivre sans violence et sans qu'une nouvelle domination s'instaure, comme en Tunisie, les avancées de la transition démocratique sont confirmées et c'est la raison pour laquelle ce pays est devenu une cible privilégiée des groupes djihadistes qui ne supportent pas une telle évolution.

C'est donc bien en maintenant le cap d'une avancée vers une citoyenneté terrienne par des formes de résistance et d'action non violentes que nous pourrons progresser vers la transformation de ce *frater* qu'est le genre humain en un véritable « peuple de la terre » conscient de ses droits et devoirs et promoteur d'une citoyenneté mondiale. Tel est le sens de la déclaration de Porto Novo adoptée par les participants aux Dialogues en humanité africains qui se sont tenus au Bénin en mai 2014.

DÉCLARATION DE PORTO-NOVO

Dialogues en humanité, Bénin, 9-11 mai 2014.

Nous, participants des Dialogues en humanité réunis au Bénin, à Porto-Novo, sous les arbres ancestraux du Jardin des plantes et de la nature, souhaitons faire ensemble la déclaration suivante :

En ce 10 mai, jour anniversaire de la terrible barbarie que représenta l'esclavage, ici au Bénin, au cœur de cette Afrique, principale victime de cette barbarie interhumaine, mais aussi berceau de notre humanité, nous prenons conscience des risques qui pèsent sur le devenir de notre famille humaine, mais aussi des potentialités infinies qu'ouvriraient sa propre humanisation.

Au moment où de nombreux rapports internationaux évoquent le risque d'un effondrement mondial dans les prochaines décennies si nos sociétés continuent à aggraver leurs inégalités et à détruire leurs écosystèmes, nous affirmons la nécessité de sortir de l'obsession compétitive pour développer des logiques coopératives tant à l'égard des humains que de la nature. Cette coopération s'inscrit dans la perspective de sociétés qui font de la convivialité et du *buen vivir* le cœur de leur projet.

Il est temps de déclarer suicidaire pour notre famille humaine toutes les formes de la guerre qu'elles soient économiques, politiques ou religieuses ; toutes les logiques qui conduisent à imposer la loi des plus forts en éliminant ou en dominant les plus faibles. Loi terrible qui fut à la source de toutes les formes de maltraitance, voire d'esclavages d'hier comme d'aujourd'hui.

Nous affirmons également la nécessité de rompre avec un rapport guerrier et prédateur à la nature dont l'expérience de « ville verte rurale » de Songhaï montre la possibilité.

Nous déclarons qu'il est temps désormais de construire les conditions d'une pleine citoyenneté pour tous les membres du « peuple de la Terre » .

Cette citoyenneté résultera de la pleine application des droits fondamentaux de chaque être humain proclamés après la Seconde Guerre mondiale, mais aussi de la reconnaissance de leurs droits civiques et de la nécessité de constituer désormais une communauté politique cohérente avec de tels droits.

Toutes les formes d'organisations humaines, qu'elles soient sociales, politiques, économiques, culturelles, n'ont de légitimité que pour autant qu'elles respectent ces principes et concourent au bien commun de l'humanité et à la préservation de la nature dont elle est l'une des composantes. Il n'est pas acceptable que des nations, des entreprises, des religions, des familles ou toute autre forme d'organisation humaine, se réclament de leur identité ou de leur histoire pour dénier ces droits fondamentaux.

Nous avons besoin en revanche de replacer l'économie et la politique, la monnaie et le pouvoir, au rang de moyens et non de fins. De même, nous devons faire de la pluralité des traditions de sens et de sagesse non une cause de guerre de civilisation mais une chance et une source d'élévation de la conscience humaine.

Pour notre propre compte, nous, participants à ces Dialogues en humanité qui doivent se prolonger prochainement en Europe, au Brésil, en Inde, en Éthiopie, dans les prochains mois, prenons l'engagement d'œuvrer dans le sens des principes de cette déclaration.

BIBLIOGRAPHIE

Michel Borgetto, *La notion de fraternité en droit public français*, Bibliothèque Droit public, 1993.

Alain Caille, Marc Humbert, Serge Latouche, Patrick Viveret, *De la convivialité*, La Découverte, 2011.

Catherine Chalier, *La Fraternité : un espoir en clair-obscur*, Buchet Chastel, 2004.

Michel Clevenot, *Les Hommes de la Fraternité*, Golias, 1998.

Régis Debray, Le Moment Fraternité, Gallimard, 2009.

Albert Jacquard et Huguette Planes, *Petite philosophie à l'usage des non philosophes*, Le livre de Poche, 2000.

Anne-Brigitte Kern et Edgar Morin, *Terre Patrie*, points, 2010.

Jean Louis Sanchez, La Promesse de l'autre, Éditions LLL, 2014.

François Soulage et Guy Aurenche, *Le Pari Fraternité*, Éditions de l'Atelier, 2012.

Table

Si vous souhaitez être tenu informé des parutions
et de l'actualité des éditions Les Liens qui Libèrent,
visitez notre site :
http://www.editionslesliensquiliberent.fr

Achevé d'imprimer en avril 2015
par Normandie Roto Impression s.a.s. à Lonrai
Dépôt légal : mai 2015
N° d'impression : 1501831
Imprimé en France